Das ultimative Matcha-Kochbuch

Entdecken Sie die Vielseitigkeit und gesundheitlichen Vorteile von Matcha mit über 100 leckeren Rezepten

Else Hoffmann

Urheberrechtliches Material ©2023

Alle Rechte vorbehalten

Ohne die entsprechende schriftliche Zustimmung des Herausgebers und Urheberrechtsinhabers darf dieses Buch in keiner Weise, Form oder Form verwendet oder verbreitet werden, mit Ausnahme kurzer Zitate in einer Rezension. Dieses Buch sollte nicht als Ersatz für medizinische, rechtliche oder andere professionelle Beratung betrachtet werden.

INHALTSVERZEICHNIS

INHALTSVERZEICHNIS	3
EINFÜHRUNG	8
FRÜHSTÜCK UND BRUNCH	10
1. Matcha-Tee	11
2. Matcha-Cupcake	13
3. Honig-Matcha-Latte	15
4. Matcha Moringa und Kiwi-Hafer	17
5. Matcha-Kokosmilch-Bowl	19
6. Himbeer-Matcha-Granola	21
7. Vollkorn-Matcha-Brot	24
8. Matcha-Pfannkuchen mit Pilzfüllung	26
9. Matcha-, Minz- und Zitronen-Eistee	29
10. Kakao- und Matcha-Donuts	31
11. Vanille-Matcha-Pfannkuchen	34
12. Sauerteigbrot mit grünem Tee	37
13. Matcha- und Kapuzinerkresse-Smoothie-Bowl	39
14. Matcha-, Gurken- und Minz-Eistee	41
15. Dunkle Matcha-Heißschokolade	43
16. Matcha-Vanille-Latte	45
17. Frühstücks-Smoothie-Bowl	47
18. Cashew-Matcha-Latte	49

19. Matcha Overnight Oats	51
20. Rosen-Matcha-Latte	53

SNACKS UND VORSPEISEN — **55**

21. Minz-Matcha-Oreos	56
22. Glückskekse mit grünem Tee	59
23. Matcha-Energiebällchen ohne Backen	62
24. Matcha-Popcorn	64
25. Pistazien-Amaranth-Matcha-Riegel	67
26. Matcha- und Zitronenbecher	71
27. Kürbiskern-Matcha-Cupcakes	73
28. Rohe Matcha- und Minz-Schokoladenquadrate	76
29. Kakao, Matcha und Matcha-Makronen	79
30. Matcha-Halloween-Cupcakes	81
31. Fonio- und Matcha-Cracker	84
32. Gesunde Matcha-Bällchen	87
33. Erbstück-Tomaten-Sashimi	89
34. Pistazien- und Matcha-Glückskugeln	91
35. Matcha-Limetten-Popcorn	94
36. Matcha-Mochi	97
37. Matcha-Schokolade mit Macadamia	101
38. Matcha-Erdnuss-Mochi	104
39. Blaubeer-Matcha-Muffins	107
40. Matcha-Müsliriegel	110

41. Matcha-Yuzu-Popcorn	113
42. Matcha-Mandelkipferl	116
HAUPTKURS	**119**
43. Matcha-Linsen-Kokos-Curry	120
44. Spinat und Matcha Dhal	122
45. Pochierter Lachs mit grüner Kräutersalsa	125
46. Grüner Tee und Pilzbrühe mit Miso	128
47. Grünes Matcha-Hühnchen-Curry mit Limette	130
48. Mit Matcha geräuchertes Hähnchen mit Mango-Reissalat	134
49. Mit Tee geräucherte Lammkoteletts mit Miso-Sauce	138
50. Matcha gedämpfter Kabeljau	141
SOSSEN UND PESTOS	**143**
51. Matcha-Pulver-Pesto-Sauce	144
52. Matcha-Guacamole	146
53. Matcha- und Rote-Bete-Hummus	148
NACHTISCH	**150**
54. Wasabi-Gurken-Eis	151
55. Matcha-Erdbeer-Kuchen	153
56. Matcha-Mandel-Eis am Stiel	155
57. Matcha-Johannisbrotbecher	157
58. Matcha-Fudge	160

59. Superfood-Eiscreme	162
60. Matcha & Blaubeersorbet	164
61. Matcha Key Lime Pie	166
62. Tassen mit grünem Tee und Zitrone	168
63. Matcha-Eis am Stiel	170
64. Matcha-Eis	172
65. Matcha-Cashew-Becher	174
66. Matcha-Grüntee-Fudge	177
67. Matcha-Creme	179
68. Matcha-Kaki	181
69. Absinth-Baiser-Eis	183
70. Grüntee-Sorbet	186
71. Chia-Samen-Pudding	188
72. Pistazien-Matcha-Eis	190
73. Erdbeere, Hafer und Matcha	193
74. Matcha, Dattel & Banane Nice Cream	196
75. Banana Matcha Nice Cream	198
76. Matcha- und Himbeerfriands	200
77. Matcha-Trüffel	203
SMOOTHIES UND COCKTAILS	**206**
78. Matcha-Smoothie	207
79. Brokkoli-Lauch-Gurken-Smoothie	209
80. Kakao-Spinat-Smoothie	211

81. Matcha-Shake	213
82. Vanille-Matcha-Avocado-Shake	215
83. Matcha- und Minztee	217
84. Matcha-, Maca-, Leinsamen- und Tahini-Smoothie	219
85. Apfel-, Rosmarin- und Matcha-Gin-Kühler	221
86. Matcha, Minze, Zitronen- und Limettenwasser	223
87. Matcha Probiotischer Kefir-Smoothie	225
88. Matcha-Bananen-Schokoladen-Smoothie	227
89. Matcha-Avocado-Smoothie	229
90. Brokkoli-Matcha-Smoothie	231
91. Matcha-Grünkohl-Smoothie	233
92. Matcha MCT-Shake	235
93. Grüntee-Ingwer-Smoothie	237
94. Grüntee-Limette	239
95. Minz-Schokoladensplitter-Shake	241
96. Matcha-Rum-Shake	243
97. Matcha-Kokos-Frappé	245
98. Matcha-Erdbeer-Frappé	247
99. Matcha-Joghurt-Smoothie	249
100. Matcha-Frucht-Smoothie	251
ABSCHLUSS	**253**

EINFÜHRUNG

Die Praxis, pulverisierten Tee zuzubereiten und zu trinken, wurde erstmals vor über 900 Jahren von chinesischen Zen-buddhistischen Mönchen populär gemacht. Die traditionelle Matcha-Zubereitung ist daher von Natur aus rituell und meditativ, erfordert übliche Werkzeuge und folgt einem sorgfältigen Schritt-für-Schritt-Prozess.

Im 11. Jahrhundert wurde dieses Ritual mit den Japanern geteilt, die seitdem das schaumige Teegetränk zubereiten und schlürfen. Selbst als Pulvertee in anderen Teilen Ostasiens an Beliebtheit verlor, hat er seine Bedeutung in der japanischen Kultur stets beibehalten. Im aktuellen Jahrhundert finden Meisterköche kreative Wege und Techniken, um Matcha in Lebensmittelrezepte zu integrieren! Wenn Sie ein Fan von Matcha sind oder dieses Superfood in Ihre Ernährung integrieren möchten, dann ist dieses Kochbuch genau das Richtige für Sie!

Das ultimative Matcha-Kochbuch bietet über 100 köstliche und gesunde Rezepte, darunter Frühstück, Snacks, Desserts und Getränke. Von Matcha-Pfannkuchen und Smoothie-Bowls bis hin zu Matcha-Eis und Kuchen – in diesem Kochbuch ist für jeden etwas dabei.

Matcha ist für seine vielen gesundheitlichen Vorteile bekannt, darunter ein hoher Gehalt an Antioxidantien und die Förderung von Entspannung und Konzentration. Mit diesem Kochbuch genießen Sie nicht nur den köstlichen Geschmack von Matcha, sondern profitieren auch von den damit verbundenen gesundheitlichen Vorteilen.

Alle Rezepte in diesem Kochbuch sind einfach zu befolgen und verwenden einfache Zutaten, die Sie in Ihrem örtlichen Lebensmittelgeschäft oder online finden. Egal, ob Sie ein erfahrener Koch oder ein Anfänger in der Küche sind, dieses Kochbuch bietet alles, was Sie brauchen, um köstliche und gesunde Matcha-Leckereien zuzubereiten.

Hier sind 100 tolle Rezepte. Viel Spaß beim Kochen mit Matcha!

FRÜHSTÜCK UND BRUNCH

1. Matcha-Tee

Macht: 2

ZUTATEN:
- 800 ml Wasser
- 5-6 Minzblätter - zerrissen
- 1 Teelöffel Kreuzkümmelsamen
- 2 Teelöffel Matcha-Pulver
- 1 Esslöffel Limetten-/Zitronensaft
- 1 Teelöffel Bio-Honig als Süßungsmittel

ANWEISUNGEN:
a) Bringen Sie 4 Tassen Wasser zum Kochen.
b) Fügen Sie 5-6 Minzblätter und 1 Teelöffel Kreuzkümmel/Jeera hinzu.
c) Lassen Sie es kochen, bis die Wassermenge auf die Hälfte reduziert ist.
d) 2 Teelöffel Matcha-Pulver.
e) Stellen Sie die Hitze auf eine hohe Stufe ein. Wenn es schäumt und aufsteigt, schalten Sie die Hitze aus.
f) Mit einem Deckel abdecken und 4-5 Minuten ruhen lassen.
g) Nach 5 Minuten den Tee in eine Tasse abseihen.
h) Nach Belieben Bio-Honig hinzufügen und frischen Limettensaft einpressen.

2. Matcha-Cupcake

ZUTATEN:

- ½ natives Kokosöl statt Butter oder Margarine
- ¾ Tasse Zucker
- 3 Eier
- 2 Tassen Allzweckmehl
- 3 Teelöffel Backpulver
- 1 Teelöffel Salz
- 1 Teelöffel Vanille
- ½ Tasse Milch
- 3 Esslöffel Matcha-Pulver

ANWEISUNGEN:

a) Allzweckmehl, Backpulver und Salz zusammen sieben. Beiseite legen.
b) Natives Kokosöl und Zucker schaumig rühren.
c) Die Eier zur Kokosöl-Zucker-Mischung geben. Mischen.
d) Vanille, Milch und Matcha-Pulver hinzufügen und vermischen.
e) Dann die beiseite gestellten trockenen Zutaten dazugeben.
f) Gießen Sie die Mischung in eine gefettete Cupcake-Form, bis sie zu zwei Dritteln gefüllt ist.
g) 25 Minuten im vorgeheizten Ofen bei 200 °C backen.

3. Honig-Matcha-Latte

Ergibt: 2 Portionen

ZUTATEN:
- ½ Teelöffel Matcha
- 1 Tasse Milch
- Optional: Honig

ANWEISUNGEN:
a) Lösen Sie das Matcha-Pulver mit einem Schuss heißem Wasser auf, sodass ein Sirup entsteht.
b) Heiße Milch aufschäumen: Sie können einen Milchaufschäumer verwenden oder in einem Topf erhitzen und die Milch mit dem Sirup in einen Mixer geben, um den schaumigen Effekt zu erzielen.

4. Matcha Moringa und Kiwi-Hafer

Ergibt: 1 Portion

ZUTATEN
- ½ Tasse altmodische Haferflocken
- ½ Tasse Milch
- ¼ Tasse griechischer Joghurt
- 1 Teelöffel Matcha-Pulver
- 1 Teelöffel Moringa-Pulver
- 1 Tasse Kiwi
- 2 Teelöffel Hanfsamen
- 1 Teelöffel Honig
- Prise Vanilleextrakt

ANWEISUNGEN

a) Alle Zutaten in ein Glas oder eine Schüssel abmessen und gut vermischen.

b) Kühl stellen und am nächsten Morgen genießen!

5. Matcha-Kokosmilch-Bowl

Ergibt: 2 Portionen

ZUTATEN:
- 2 Bananen
- $\frac{1}{2}$ Tasse Kokosmilch
- $\frac{1}{2}$ Tasse Wasser
- $\frac{1}{4}$ Avocado
- 1 Teelöffel Matcha
- Ein Spritzer Honig

ANWEISUNGEN:
a) Mischen Sie Ihre Zutaten
b) In eine hübsche Schüssel füllen
c) Mit Ihren Lieblingsfrüchten dekorieren.

6. Himbeer- und Matcha-Granola

Macht: 2

ZUTATEN:
- 1 Tasse altmodische Haferflocken
- 2 ¼ Tassen Allzweckmehl
- ⅔ Tassen Zucker
- 1 Esslöffel Backpulver
- 2 Esslöffel Matcha, gesiebt
- ½ Teelöffel Salz
- 1 ¼ Tasse Milch
- 2 Teelöffel Vanilleextrakt
- 2 Eier, geschlagen
- 6-Unzen-Behälter fettfreier griechischer Joghurt
- ⅓ Tasse Kokosöl, in flüssigem Zustand
- 1 Pfund Himbeeren, gewürfelt
- Antihaftspray
- Zum Abschluss etwas Schleifzucker hinzufügen

ANWEISUNGEN:
a) Den Backofen auf 200 Grad Celsius vorheizen. Legen Sie 8 Cupcake-Förmchen in jede Form und sprühen Sie dann leicht eine Schicht Antihaftspray darauf.

b) In einer Rührschüssel alle trockenen Zutaten vermischen. In einer anderen Rührschüssel alle feuchten Zutaten vermischen. Mischen Sie die feuchten Zutaten langsam mit den trockenen, bis alles gut vermischt ist. Die gewürfelten Erdbeeren vorsichtig untermischen. Benutzen Sie einen Löffel oder einen Eisportionierer, um die Förmchen zu füllen, bis der Teig knapp über den oberen Rand der Förmchen reicht.

c) Für eine knusprige Muffinkruste bestreuen Sie die Oberfläche mit Puderzucker.

d) Backen Sie die Muffins die ersten 10 Minuten bei 200 Grad Celsius und senken Sie dann die Hitze für etwa weitere 12-15 Minuten auf 80 Grad Celsius ab, bis die Oberseite ganz leicht golden ist und ein Zahnstocher sauber herauskommt.

e) Wenn die Muffins kühl genug zum Anfassen sind, legen Sie sie auf ein Kühlregal. Wenn Sie die Muffins sofort servieren, besteht die Gefahr, dass sie an den Förmchen kleben bleiben. Warten Sie, bis sie vollständig abgekühlt sind und sich leicht lösen lassen.

7. Vollkorn-Matcha-Brot

Ergibt: 2 kleine Brote

ZUTATEN
- 4 Tassen Dinkelmehl
- 1 Tasse gemischte rohe Samen
- 3 mittelgroße Karotten fein geraspelt
- 2 Tassen warmes Wasser
- 1,5 Teelöffel Hefe
- 2 Teelöffel Salz
- 2 Esslöffel Matcha-Pulver

ANWEISUNGEN
a) Hefe in warmem Wasser einweichen.
b) Alle Zutaten in eine große Rührschüssel geben.
c) Mischen, bis ein feuchter Teig entsteht oder alle Zutaten angefeuchtet sind. Wenn verfügbar, verwenden Sie einen Handmixer oder eine Küchenmaschine mit Knethaken.
d) Den Teig in vorbereitete Mini-Kastenformen verteilen. Den Teig mit Sesamkörnern bestreuen.
e) Stellen Sie zwei kleine Kastenformen auf die mittlere Schiene des kalten Ofens. Stellen Sie die Ofentemperatur auf 400 °F ein.
f) Backen Sie Matcha-Brot 45-50 Minuten lang oder bis Sie einen Zahnstocher hineinstecken und herausnehmen können, ohne dass der Teig am Zahnstocher kleben bleibt.

8. Matcha-Pfannkuchen mit Pilzfüllung

Ergibt: 8 Portionen

ZUTATEN:
FÜR DIE PFANNKUCHEN:
- 2 Teelöffel Matcha-Pulver
- 1 ½ Tassen Buchweizenmehl
- 3 Eier, geschlagen
- 2 Tassen Hafermilch
- ½ Tasse gefiltertes Wasser
- Prise rosa Salz
- 2 Handvoll frischer Spinat
- kleine Handvoll frisches Basilikum
- 1 Teelöffel gemischte Kräuter
- Kokosöl, zum Braten

FÜR DIE FÜLLUNG:
- 2 Knoblauchzehen
- 250g Kastanienpilze
- 2 Teelöffel Kokosöl
- 1 Teelöffel gemischte Kräuter
- Prise rosa Salz + Pfeffer
- ⅔ Tasse hausgemachte Cashewmilch
- 1 Esslöffel Nährhefeflocken
- ein paar frische Basilikumblätter
- kleine Handvoll frischer Spinat

ANWEISUNGEN:

a) Für den Pfannkuchenteig alle Zutaten außer dem Kokosöl in einen Mixer geben und glatt rühren.

b) Etwas Kokosöl in der Pfanne bei mittlerer Hitze schmelzen und ein paar große Löffel Pfannkuchenteig in die Pfanne gießen. Den Pfannkuchen auf beiden Seiten etwa 2-3 Minuten braten, bis er braun ist.

c) Für die Füllung die Knoblauchzehen zerdrücken und die Kastanienpilze grob hacken. Diese in etwas Kokosöl anbraten, bis sie weich sind, dann die Kräutermischung, rosa Salz und Pfeffer sowie die hausgemachte Cashewmilch hinzufügen.

d) Reduzieren Sie die Hitze auf ein leichtes Köcheln und rühren Sie weiter, bis die Sauce eindickt. Als nächstes fügen Sie die Nährhefeflocken, das frische Basilikum und die Spinatblätter hinzu. Rühren, bis die Blätter welk sind, dann den Herd ausschalten.

e) Die Füllung in die Pfannkuchen geben und den Pfannkuchen dann umklappen.

9. Matcha-, Minz- und Zitronen-Eistee

Ergibt: 1 Liter

ZUTATEN:
- 2 Pyramiden der Reinigung: Matcha Super Tea
- 200 ml frisch abgekochtes Wasser
- 800 ml kaltes Wasser
- 1 Zitrone, in Scheiben geschnitten
- eine Handvoll Minzblätter

DIENEN:
- Eiswürfel

ANWEISUNGEN:
a) Teepyramiden, Zitronenscheiben und Minzblätter in einer hitzebeständigen Kanne mit kochendem Wasser übergießen und mindestens 10 Minuten ziehen lassen. Entfernen Sie die Teepyramiden, rühren Sie um und lassen Sie den Tee abkühlen, bevor Sie ihn mit kaltem Wasser auffüllen.
b) Zum Servieren Eiswürfel hinzufügen.

10. Kakao- und Matcha-Donuts

Ergibt: 6 Donuts

ZUTATEN:

FÜR DIE DONUTS:
- 1 Teelöffel Matcha-Pulver
- 1 Teelöffel Super-Kakaopulver
- ½ Tasse Buchweizenmehl
- ¾ Tasse gemahlene Mandeln
- ¼ Teelöffel Backpulver
- Eine Prise rosa Salz
- ¼ Tasse Kokosnusszucker
- 1 Ei, verquirlt
- ½ große Banane, zerdrückt
- 1 Esslöffel Ahornsirup
- Spritzer ungesüßte Mandelmilch
- 1 Esslöffel Kokosöl zum Einfetten

Für die Glasur:
- 2 Teelöffel Matcha-Pulver für die Matcha-Glasur
- 2 Teelöffel Super-Kakaopulver für die Kakaoglasur
- 4 Esslöffel Kokosnussbutter, teilweise geschmolzen
- 2 Esslöffel roher Honig oder Ahornsirup

Zum Belag:
- Kakao Nibs
- gehackte Haselnüsse
- essbare Rosenblätter

ANWEISUNGEN:

a) Den Backofen auf 180 °C vorheizen.

b) Für die Donuts Buchweizenmehl, gemahlene Mandeln, Backpulver, rosa Salz und Kokosnusszucker in eine große Schüssel geben.

c) In einer separaten Schüssel das Ei, die zerdrückte Banane, den Ahornsirup und die Mandelmilch vermischen und die feuchten Zutaten vorsichtig unter die trockenen Zutaten heben, bis alles gut vermischt ist. Teilen Sie die Mischung auf zwei Schüsseln auf und rühren Sie das Matcha-Pulver in die eine und das Kakaopulver in die andere.

d) Fetten Sie eine Donutform vorsichtig mit Kokosöl ein und gießen Sie beide Donutmischungen in die Formen.

e) 12-15 Minuten im Ofen backen und vor dem Glasieren auf einem Kühlregal abkühlen lassen.

f) Für die Kakao- und Matcha-Glasur die teilweise geschmolzene Kokosnussbutter und den Honig vermischen. Teilen Sie die Mischung auf zwei Schüsseln auf und rühren Sie das Matcha-Pulver in die eine und das Kakaopulver in die andere. Wenn Sie eine flüssigere Konsistenz wünschen, fügen Sie einen Spritzer kochendes Wasser oder etwas mehr geschmolzene Kokosnussbutter hinzu und vermischen Sie alles gut.

g) Tauchen Sie die Donuts in die Glasur, bis sie vollständig bedeckt sind, und belegen Sie sie mit gehackten Haselnüssen, essbaren Rosenblättern oder Kakaonibs.

11. Vanille-Matcha-Pfannkuchen

Ergibt: 2 Portionen

ZUTATEN:
- $1\frac{3}{4}$ Tassen altmodische Haferflocken
- 2 Esslöffel ungesüßtes Matcha-Pulver
- 2 Esslöffel zuckerfreie Vanillepuddingmischung
- $1\frac{1}{2}$ Teelöffel Backpulver
- 1 Teelöffel Backpulver
- $\frac{1}{4}$ Teelöffel Salz
- 2 Esslöffel Kokosöl, geschmolzen
- 1 Esslöffel Ahornsirup
- 1 großes Ei
- 1 Teelöffel Vanilleextrakt
- $1\frac{1}{2}$ Tassen 2 % fettarme Milch

ANWEISUNGEN:
a) Alle Zutaten in einen Mixer geben. Das geschmolzene Kokosöl kann in Kombination mit kälteren Zutaten hart werden. Wenn Sie möchten, können Sie die Milch daher leicht erwärmen, um dies zu verhindern.
b) Alles im Mixer pürieren, bis eine glatte Flüssigkeit entsteht.
c) Gießen Sie die Pfannkuchenmischung in eine große Schüssel.
d) Lassen Sie den Teig 5 bis 10 Minuten ruhen. Dadurch kommen alle Zutaten zusammen und der Teig erhält eine bessere Konsistenz.

e) Eine beschichtete Pfanne oder Grillplatte großzügig mit Pflanzenöl einsprühen und bei mittlerer Hitze erhitzen.

f) Sobald die Pfanne heiß ist, geben Sie den Teig mit einem $\frac{1}{4}$-Tassen-Messbecher hinzu und gießen Sie den Teig in die Pfanne, um den Pfannkuchen zuzubereiten. Verwenden Sie den Messbecher, um den Pfannkuchen zu formen.

g) Backen, bis die Seiten fest sind und sich in der Mitte Blasen bilden, dann den Pfannkuchen umdrehen.

h) Sobald der Pfannkuchen auf dieser Seite gar ist, nehmen Sie ihn vom Herd und legen Sie ihn auf einen Teller.

i) Führen Sie diese Schritte mit dem restlichen Teig fort.

12. Sauerteigbrot mit grünem Tee

Ergibt: 1 Laib

ZUTATEN:
- 1 Tasse starker grüner Tee, lauwarm
- 7 Unzen Weizensauerteig-Starter
- 1 Esslöffel Salz
- 5 Tassen Weizenmehl und Olivenöl für die Schüssel

ANWEISUNGEN:
a) Die Zutaten mischen und gut durchkneten. Den Teig in einer gefetteten und abgedeckten Schüssel 1 Stunde gehen lassen.
b) Den Teig vorsichtig auf einen Backtisch gießen.
c) Den Laib vorsichtig falten und auf ein gefettetes Backblech legen. Nochmals 30 Minuten gehen lassen.
d) Anfängliche Ofentemperatur: 475 °F.
e) Legen Sie das Brot in den Ofen und streuen Sie eine Tasse Wasser auf den Boden des Ofens. Reduzieren Sie die Temperatur auf 400 °F.
f) Das Brot etwa 25 Minuten backen.

13. Matcha- und Kapuzinerkresse-Smoothie-Bowl

Macht: 1

ZUTATEN:
- 1 Tasse Spinat
- 1 gefrorene Banane
- ½ Tasse Ananas
- ½ Teelöffel hochwertiges Matcha-Pulver
- ½ Teelöffel Vanilleextrakt
- ⅓ Tasse ungesüßte Mandelmilch

BELAG
- Chiasamen
- Kapuzinerkresse

ANWEISUNGEN:
a) Geben Sie alle Smoothie-Zutaten in einen Mixer. Pulsieren, bis eine glatte und cremige Masse entsteht.
b) Den Smoothie in eine Schüssel geben.
c) Mit Toppings bestreuen und sofort essen.

14. Matcha-, Gurken- und Minz-Eistee

Ergibt: 2 Portionen

ZUTATEN:
- 1 Mini-Messlöffel Matcha-Pulver
- 3 Pumpstöße Eisteesirup aus Gurke und Minze
- Gekühltes Wasser + Eis

ANWEISUNGEN:
a) Matcha-Pulver und Sirup in einer Tasse vermischen
b) Mit Wasser auf $\frac{3}{4}$ auffüllen
c) Umrühren und zum Füllen Eis hinzufügen

15. Dunkle Matcha-Heißschokolade

Ergibt: 2 Portionen

ZUTATEN:
- 1 Kugel dunkle heiße Fairtrade-Schokolade
- 1 Mini-Messlöffel Matcha-Pulver
- Aufgeschäumte Milch

ANWEISUNGEN:
a) Den Matcha mit einem Schuss heißem Wasser vermischen und zu einer glatten Paste verrühren
b) Mit aufgeschäumter Milch auffüllen und dabei umrühren

16. Matcha-Vanille-Latte

Ergibt: 2 Portionen

ZUTATEN:
- 2 Pumpstöße Vanillesirup
- 1 kleiner Löffel Matcha-Pulver, plus etwas mehr zum Bestäuben
- Aufgeschäumte Milch

ANWEISUNGEN:
a) Sirup und Matcha in einer Tasse mit einem Schuss heißem Wasser vermischen
b) Zu einer glatten Paste verrühren
c) Mit aufgeschäumter Milch auffüllen und dabei umrühren
d) Mit Matcha bestäuben

17. Frühstücks-Smoothie-Bowl

Ergibt: 2 Portionen

ZUTATEN:
- 2 Bananen
- ½ Tasse Mandelmilch
- ½ Tasse Wasser
- ¼ Avocado
- 1 Teelöffel Grüntee-Matcha
- Ein Spritzer Honig

ANWEISUNGEN:
d) Mischen Sie Ihre Zutaten
e) In eine hübsche Schüssel füllen
f) Mit Ihren Lieblingsfrüchten dekorieren.

18. Cashew-Matcha-Latte

Ergibt: 2 Portionen

ZUTATEN:
- $\frac{1}{2}$ Teelöffel Grüntee-Matcha
- 1 Tasse Cashewmilch
- Optional: Honig

ANWEISUNGEN:
c) Lösen Sie das Matcha-Pulver mit einem Schuss heißem Wasser auf, sodass ein Sirup entsteht.
d) Heiße Cashewmilch aufschäumen und mit dem Sirup in einen Mixer geben, um den schaumigen Effekt zu erzielen.

19. Matcha Overnight Oats

Ergibt: 1 Portion

ZUTATEN
- ½ Tasse altmodische Haferflocken
- ½ Tasse Milch oder Milchalternative Ihrer Wahl
- ¼ Tasse griechischer Joghurt
- 1 Teelöffel Matcha-Pulver
- 2 Teelöffel Chiasamen
- 1 Teelöffel Honig
- Prise Vanilleextrakt

ANWEISUNGEN
c) Alle Zutaten in ein Glas oder eine Schüssel abmessen und gut vermischen.
d) Kühl stellen und am nächsten Morgen genießen!

20. Rosen-Matcha-Latte

Macht: 1

ZUTATEN:
- 2 Teelöffel Matcha-Pulver mit Rosenknospen
- 1 Esslöffel heißes Wasser
- 4 Unzen heiße Hafermilch oder ein anderes Milchprodukt
- 1 Teelöffel Honig (optional)

ANWEISUNGEN
a) Das Matcha-Pulver in eine Tasse sieben.
b) Wasser hinzufügen und rühren, bis keine Klumpen mehr vorhanden sind. Milch einfüllen und verrühren, bis das Getränk schaumig ist.
c) Nach Belieben Honig einrühren.

SNACKS UND VORSPEISEN

21. Minz-Matcha-Oreos

Macht: 20-24

ZUTATEN:
- 1 ½ Tasse Hafermehl
- ½ Tasse Kakaopulver
- ½ Tasse Kokosblütenzucker oder weißer/brauner Zucker
- ½ Teelöffel Backpulver
- ¼ Teelöffel Salz
- ½ Tasse Kokosöl
- ¼ Tasse Milch nach Wahl

FÜR DIE MINT-MATCHA-CREME
- 1 Tasse Cashew – vorzugsweise 4 Stunden eingeweicht
- 2 Esslöffel Ahornsirup oder flüssiges Süßungsmittel Ihrer Wahl
- 1 Esslöffel Kokosöl
- ¼ Tasse Milch
- 1 Teelöffel FERA Matcha
- 1 Teelöffel Minzextrakt

ANWEISUNGEN:
a) Heizen Sie Ihren Backofen auf 350 °F vor.
b) Mehl, Kakao, Zucker, Backpulver und Salz in einer Schüssel vermischen. Kokosöl und Milch hinzufügen. Zum Kombinieren mischen.
c) Den Teig auf eine gut bemehlte Fläche geben. Zu einem ¼ Zoll dicken Rechteck ausrollen und die Kekse mit einem runden Ausstecher ausstechen.

d) Auf einem mit Backpapier ausgelegten Backblech anrichten und 15-20 Minuten backen. Vollständig abkühlen lassen.

e) Alle Zutaten für die Füllung in einem Mixer glatt rühren.

f) Eine dünne Schicht der Füllung auf einen der Kekse streichen und einen weiteren darauflegen.

g) In einem luftdichten Behälter bis zu 4 Tage aufbewahren.

h) Genießen!

22. Glückskekse mit grünem Tee

Ergibt: 18 große Glückskekse

ZUTATEN
- ¾ Tasse Zucker
- 3 große Eiweiße
- 4 Unzen ungesalzene Butter, geschmolzen und abgekühlt
- ½ Tasse Allzweckmehl
- 1 Esslöffel Matcha-Grüntee-Pulver
- 18 kleine Papiervermögen

ANWEISUNGEN:

a) In einer mittelgroßen Schüssel den Zucker mit Eiweiß, Butter, Mehl und Grüntee-Pulver glatt rühren. Decken Sie den Teig ab und stellen Sie ihn 1 Stunde lang in den Kühlschrank.

b) Den Backofen auf 325° vorheizen und ein Backblech mit einer Silikonmatte auslegen. Halten Sie eine Kaffeetasse und eine Muffinform in Standardgröße bereit.

c) Zwei 2 Esslöffel große Teighaufen im Abstand von 15 cm auf das Backblech geben. Verteilen Sie den Teig mit einem versetzten Spatel, sodass zwei 6-Zoll-Runden entstehen.

d) In der Mitte des Ofens 12 bis 14 Minuten backen, bis die Ränder gebräunt und die Mitte noch hell ist.

e) 10 Sekunden abkühlen lassen, dann mit einem Spatel ein Tuile umdrehen und ein Glückspapier in die Mitte legen. Falten Sie den Tuile in der Mitte und führen Sie dann die Enden zusammen. Verwenden Sie dabei den Rand der Kaffeetasse, um die Falte zu bilden. Legen Sie den Glückskeks in eine Muffinform, damit er seine Form behält. Wiederholen Sie dies mit dem zweiten Tuile. Wenn das Tuile hart wird, stellen Sie es für ein paar Sekunden wieder in den Ofen.

f) Mit dem restlichen Teig und den restlichen Zutaten wiederholen. Lassen Sie die Kekse vor dem Servieren vollständig abkühlen.

23. Keine Matcha-Energiebällchen backen

Ergibt: 20 Bälle

ZUTATEN
- 1 gehäufter Esslöffel Matcha-Blattpulver
- 1 Tasse gemischte Samen
- 1 gehäufter Teelöffel Zimtpulver
- ½ Teelöffel frisch geriebener Ingwer
- ⅔ Tasse Rosinen
- 1 Teelöffel Vanilleextrakt

ANWEISUNGEN
a) Mahlen Sie die Samen zusammen mit dem Matcha-Pulver und Zimt in einer Küchenmaschine, bis Sie eine grobe Mahlzeit erhalten.
b) Die Rosinen und den Vanilleextrakt dazugeben und so lange verrühren, bis alles verklumpt.
c) Zu Kugeln rollen.
d) Entweder sofort servieren oder in den Kühlschrank stellen.
e) Im Kühlschrank sind sie einige Wochen haltbar.

24. Matcha-Popcorn

Ergibt: 3-4

ZUTATEN:
POPCORN:
- 100 g/ ½ Tasse Popcornkerne
- 6 Esslöffel geschmolzenes Kokosöl

Matcha-TOPPING:
- 2 Teelöffel Matcha-Pulver
- 4 Esslöffel Nährhefe
- ½ Teelöffel Meersalz

ANWEISUNGEN

a) Nährhefe, Matcha-Pulver und Meersalz in einer kleinen Schüssel vermischen.

b) Geben Sie das Popcorn in eine Popcornmaschine oder in einen großen Topf mit 4 Esslöffeln Kokosöl.

c) Wenn Sie einen Topf verwenden, geben Sie das Kokosöl und drei Kerne hinzu. Decken Sie den Topf mit einem Deckel ab und erhitzen Sie ihn auf mittlere Stufe.

d) Wenn die Kerne aufgeplatzt sind, nehmen Sie sie aus dem Topf und fügen Sie die restlichen Kerne hinzu. Lassen Sie sie platzen, während Sie den Topf alle 10 Sekunden schütteln, um sicherzustellen, dass sie nicht anbrennen.

e) Wenn alle Körner aufgeplatzt sind, geben Sie das Popcorn in eine große Schüssel.

f) 2 Esslöffel geschmolzenes Kokosöl über das Popcorn träufeln. Drehen Sie das Popcorn in der Schüssel um, damit es mit dem Öl bedeckt ist.

g) Das Matcha-Topping über das Popcorn streuen und gut vermischen. Nach Geschmack zusätzliches Salz hinzufügen.

h) Genießen!

25. Pistazien-Amaranth-Matcha-Riegel

Ergibt: 9 Riegel

ZUTATEN
Krustenschicht:
- ⅓ Tasse gepufftes Amaranth
- ½ Tasse geschälte Pistazien
- ½ Tasse Kokosraspeln
- ¼ Teelöffel Zimt
- ¼ Teelöffel Kardamom
- Prise rosa Salz
- 3 Esslöffel Kürbiskernbutter
- 3 Esslöffel Ahornsirup

MATCHA-SCHICHT:
- 1 ½ Tassen Cashewnüsse, über Nacht eingeweicht
- 1 Esslöffel Matcha-Pulver
- 1 Limette, Schale
- 1 Limette, Saft
- ¼ Tasse Ahornsirup
- 1 Teelöffel Vanille
- ½ Tasse Mandelmilch
- 1 Tasse Kokosbutter
- 2 Esslöffel Kokosöl

ANWEISUNGEN

a) Bereiten Sie eine quadratische Kuchenform mit abnehmbarem Boden vor.

b) Geben Sie die geschälten Pistazien in eine Küchenmaschine oder einen Hochgeschwindigkeitsmixer und zerkleinern Sie sie mehrmals, bis sie grob gemahlen sind.

c) Kokosraspeln, Zimt, Kardamom und Salz dazugeben und verrühren, bis alles eingearbeitet ist.

d) Alles in eine mittelgroße Schüssel geben und gepufftes Amaranth untermischen.

e) In einer kleinen Schüssel Kürbiskernbutter mit Ahornsirup vermischen und nun unter die restliche Mischung rühren, bis eine klebrige Konsistenz entsteht.

f) Die Krustenmischung in die Form geben, gleichmäßig auf dem Boden verteilen und fest andrücken.

g) In einen Kühlschrank stellen.

h) In einem Wasserbad Kokosbutter mit Kokosöl vorsichtig schmelzen und beiseite stellen.

i) Spülen Sie die eingeweichten Cashewnüsse unter fließendem Wasser ab und geben Sie sie in den Mixer. Matcha-Pulver, Limettenschale, Saft, Ahornsirup, Vanille und Mandelmilch hinzufügen und glatt rühren. Geschmolzene Kokosnussbutter langsam hinzufügen und verrühren, bis alles eingearbeitet ist. Stellen Sie sicher, dass die Mischung Zimmertemperatur hat, bevor Sie die Kokosnussbutter hinzufügen.

j) Auf die Krustenschicht geben und die Oberseite glatt streichen.

k) Zum Festwerden einige Stunden oder über Nacht in den Gefrierschrank stellen.

l) Nach dem Festwerden vorsichtig aus der Form nehmen und mit einem scharfen Messer in 9 Quadrate schneiden.

m) Mit mehr Matcha-Pulver und zerstoßenen Pistazien bestäuben.

26. Matcha- und Zitronenbecher

Macht: 10

ZUTATEN:
- ½ Tasse Kokosnussbutter
- ½ Tasse Macadamianüsse
- ½ Tasse Kakaobutter
- ¼ Tasse Kokosöl
- ¼ Tasse Swerve, gepulvert
- 1 Esslöffel Zitronenschale, fein gerieben
- 1 Teelöffel Matcha-Pulver

ANWEISUNGEN:
a) Beginnen Sie damit, alle Zutaten, außer der Zitronenschale und dem Matcha, eine Minute lang in einer Küchenmaschine zu zerkleinern, um sie alle zu vermischen.
b) Teilen Sie die Mischung auf zwei Schüsseln auf. Es sollte möglichst gleichmäßig halbiert werden, bevor es in zwei Hälften geteilt wird.
c) Matcha-Pulver sollte in eine separate Schüssel gegeben werden. Kombinieren Sie in einem bestimmten Gericht die Zitronenschale und die anderen Zutaten.
d) Bereiten Sie 10 Mini-Muffinförmchen vor, indem Sie sie zur Hälfte mit der Matcha-Mischung füllen und sie dann mit anderthalb Esslöffeln Ihrer Zitronenmischung belegen. Beiseite legen. Stellen Sie sicher, dass es vor dem Servieren mindestens eine Stunde im Kühlschrank steht.

27. Kürbiskern-Matcha-Cupcakes

Ergibt: 10 Portionen

ZUTATEN
CUPCAKES
- ½ Tasse Kokosmehl
- ½ Tasse Tapiokamehl
- ½ Tasse Kürbiskerne
- 2 Teelöffel Matcha-Pulver
- ½ Teelöffel Backpulver
- ¼ Teelöffel Salz
- 4 Eier, Zimmertemperatur
- ½ Tasse Kokosöl, plus etwas mehr zum Einfetten der Muffinformen
- ½ Tasse Honig

GLASUR
- ½ Tasse Palmfett bei Zimmertemperatur
- 2 Esslöffel Honig
- ½ Teelöffel Vanilleextrakt
- Geschmolzene Schokolade und Kürbiskerne zum Garnieren

ANWEISUNGEN
a) Heizen Sie den Ofen auf 375 °F vor. Eine Silikon-Muffinform mit Kokosöl einfetten oder eine Muffinform mit Backpapierförmchen auslegen.

b) Kokosmehl, Tapiokamehl, Kürbiskerne, Matcha-Pulver, Backpulver und Salz in einer Küchenmaschine zerkleinern, bis aus den Kürbiskernen eine feine Mahlzeit entsteht.

c) Eier, Öl, Honig und Püree dazugeben, bis eine glatte Masse entsteht.

d) In die Förmchen der Silikonform oder Muffinform füllen und in den vorgeheizten Backofen stellen. Reduzieren Sie die Hitze auf 350 °F und backen Sie es 20 bis 25 Minuten lang oder bis ein eingesetzter Tester sauber herauskommt, und stellen Sie es dann zum Abkühlen beiseite.

e) Für die Glasur Backfett, Honig und Vanille glatt rühren. Befestigen Sie einen Spritzbeutel mit einer Kupplung und einer Spitze und füllen Sie dann die Glasur in den Spritzbeutel. Sobald die Cupcakes abgekühlt sind, spritzen Sie den Zuckerguss im Design Ihrer Wahl darauf.

f) Mit geschmolzener Schokolade und weiteren Kürbiskernen belegen. wenn gewünscht.

28. Rohe Matcha- und Minzschokoladenquadrate

Ergibt 12 Quadrate

ZUTATEN:
BASE:
- 1 Tasse Mandeln
- 2 Esslöffel Kakaopulver
- 1 Tasse Medjool-Datteln
- Prise Salz

MINZEFÜLLUNG:
- 2 Teelöffel Matcha-Pulver
- 1 ½ Tassen Cashewnüsse
- ¼ Tasse frische Minzblätter
- ¼ Tasse Ahornsirup/Reissirup/Rohhonig
- ½-¾ Tasse milchfreie Milch
- ¼ Tasse geschmolzenes Kokosöl
- Pfefferminzextrakt nach Geschmack

ROHSCHOKOLADEN-TOPPING:
- ⅓ Tasse geschmolzenes Kokosöl
- ¼ Tasse Kakaopulver
- 2 Esslöffel Ahornsirup/Rohhonig
- Prise Salz
- Kakaonibs zum Garnieren

ANWEISUNGEN:

a) Für den Boden die Mandeln in einer Küchenmaschine pürieren, bis ein grobes Mehl entsteht. Fügen Sie Salz, Kakaopulver und Datteln hinzu und mixen Sie erneut, bis die Mischung mit Finger und Daumen leicht zusammenklebt.

b) Den Teig gleichmäßig in eine mit Backpapier ausgelegte Backform drücken und die Form in den Gefrierschrank stellen, während man die Füllung vorbereitet.

c) In einem Hochleistungsmixer oder einer Küchenmaschine die Cashewnüsse, Minzblätter, flüssigen Süßstoff, Matcha und milchfreie Milch zu einer sehr glatten Masse mixen. Das geschmolzene Kokosöl hinzufügen und erneut mixen. Zum Schluss den Minzextrakt hinzufügen, erneut mixen und abschmecken. Bei Bedarf noch etwas hinzufügen.

d) Die Minzfüllung über den vorbereiteten Boden gießen und mit einem Spatel glatt streichen. Stellen Sie die Dose wieder in den Gefrierschrank. Die Schokoladenzutaten in einer mittelgroßen Schüssel verrühren. Eine Minute lang etwas abkühlen lassen.

e) Über die Minzfüllung gießen und gleichmäßig verteilen.

f) Mit Kakaonibs bestreuen und zum vollständigen Festwerden in den Gefrierschrank zurückstellen. In Quadrate schneiden und sofort oder für eine weichere Konsistenz aus dem Kühlschrank servieren.

29. Kakao, Matcha und Matcha-Makronen

ZUTATEN:
- ½ Tasse Kokosraspeln
- 1 Esslöffel Matcha-Pulver
- 1 gehäufter Esslöffel Matcha
- 3 Esslöffel Sesamkörner
- 2 Esslöffel rohe Kakaonibs
- Prise Meersalz
- 5 Esslöffel Ahornsirup
- 4 Esslöffel Kokosöl
- 2 Esslöffel Cashewbutter
- 1 Vanilleschote oder 1 Teelöffel Vanilleextrakt

Kakaoschicht:
- 2 Esslöffel Philosophie Cacao Magic Pulver

ANWEISUNGEN:
a) Alle trockenen Zutaten in einer Schüssel vermischen.

b) Fügen Sie die feuchten Zutaten hinzu und vermischen Sie alles gut, bis die Konsistenz gleichmäßig ist.

c) Jetzt haben Sie zwei Möglichkeiten: Sie können die Mischung entweder in eine Eiswürfelschale drücken und für 2 Stunden einfrieren.

d) Danach sind Ihre Makronen bereit zum Verwöhnen. Denken Sie daran, sie im Kühlschrank aufzubewahren.

e) Formen Sie die Mischung zu Kugeln und wälzen Sie sie dann in Kakaozauber und Kakaonibs für eine köstliche, gesunde Schokoladennote.

f) 2 Stunden einfrieren, dann in einem dichten Behälter im Kühlschrank aufbewahren.

30. Matcha-Halloween-Cupcakes

Macht: 12

ZUTATEN:
FÜR DIE KUCHEN:
- 4 Teelöffel Matcha-Pulver
- 120g Reismehl
- 150g gemahlene Mandeln
- 2 Teelöffel glutenfreies Backpulver
- 170 g geschmolzenes Kokosöl
- 150 ml Ahornsirup
- 3 große Eier
- 160 ml ungesüßte Mandelmilch
- 1 Teelöffel Vanilleextrakt

FÜR DEN Zuckerguss:
- 2 Teelöffel Matcha-Pulver
- 2 x Dosen vollfette Kokosmilch
- 1 Esslöffel Ahornsirup
- 1 Teelöffel Vanilleextrakt
- 1 Limette entsaften
- 6 Erdbeeren, halbiert

ANWEISUNGEN:
a) Den Backofen auf 170 °C vorheizen und ein 12-Loch-Cupcake-Blech mit Cupcake-Förmchen auslegen.
b) Für die Cupcakes Reismehl, gemahlene Mandeln, Backpulver und Matcha-Pulver in einer großen Rührschüssel vermischen.

c) Kokosöl, Ahornsirup, Eier, Mandelmilch und Vanille in einen Mixer oder eine Küchenmaschine geben und viermal pürieren.

d) Die feuchten Zutaten zu den trockenen Zutaten geben und gründlich vermischen. Den Teig gleichmäßig in die vorbereiteten Cupcake-Förmchen verteilen.

e) 25 Minuten im Ofen backen oder bis ein Spieß oder Messer sauber herauskommt.

f) Um den Zuckerguss zuzubereiten, entfernen Sie die dicke oberste Schicht jeder Dose Kokosmilch und geben Sie sie in eine große Schüssel. 1-2 Minuten lang verquirlen, bis die Masse dick und cremig ist. Ahornsirup, Matcha, Vanille und Limettensaft hinzufügen und nochmals eine Minute lang verrühren.

g) Lassen Sie die Cupcakes 15 Minuten im Blech abkühlen, bevor Sie sie auf ein Kühlregal stellen.

h) Den Zuckerguss auf jeden abgekühlten Cupcake spritzen oder verteilen und mit Erdbeeren dekorieren.

31. Fonio- und Matcha-Cracker

Ergibt 10

ZUTATEN:
FÜR DIE CRACKER:
- ¾ Tasse Fonio Super-Grain, zu einem Mehl vermischt
- 1 Teelöffel Matcha-Pulver
- 1 Tasse Kürbiskerne
- ¾ Tasse Sonnenblumenkerne
- ½ Tasse Leinsamen, ganze Samen
- ½ Tasse Chiasamen
- ⅓ Tasse glutenfreie Haferflocken
- 2 Esslöffel Mohn
- ½ Teelöffel Salz
- ½ Teelöffel Pfeffer
- ¼ Teelöffel Kurkumapulver
- 2 Esslöffel Chili-Olivenöl oder einfaches Olivenöl
- ½ Tasse Wasser

FÜR DAS KÄSEBRETT:
- Nüsse
- Trockenfrüchte
- Frisches Obst
- Veganer Käse

ANWEISUNGEN:

a) Den Backofen auf 190° vorheizen. Alle trockenen Zutaten in einer Schüssel vermischen.

b) Olivenöl und Wasser dazugeben und gut verrühren, bis ein Teig entsteht.

c) Teilen Sie die Mischung in zwei Teile. Nehmen Sie eine Hälfte, legen Sie sie auf Backpapier und rollen Sie den Teig 2-3 mm dick aus.

d) In die gewünschte Form schneiden und auf ein Backblech legen. Wiederholen Sie die Schritte mit der zweiten Teighälfte. 20-25 Minuten backen oder bis die Ränder goldbraun sind.

e) 10 Minuten abkühlen lassen. Mit einer Auswahl an Früchten, Nüssen, Käse und Dips servieren.

32. Gesunde Matcha-Bällchen

Ergibt: 14 Energiebälle

ZUTATEN:
- ½ Tasse Pistazien geschält
- ¾ Tasse Cashewnüsse
- 12 Datteln entkernt
- ¼ Tasse Kokosraspeln, ungesüßt
- 2 Teelöffel Matcha-Pulver
- 1 Esslöffel Kokosöl

ANWEISUNGEN:
a) Nehmen Sie ¼ Tasse Pistazien und verarbeiten Sie sie in einer Küchenmaschine, bis sie fein gemahlen sind. In eine separate Schüssel geben und beiseite stellen.
b) Cashewnüsse, restliche ¼ Tasse Pistazien, Datteln, Kokosnuss, Matcha-Pulver und Kokosöl hinzufügen. Gut vermischen, bis die Mischung fein gehackt und klebrig ist.
c) Aus der Masse Kugeln formen und mit den Händen rollen.
d) Kugeln in gemahlenen Pistazien wälzen und 15 Minuten kalt stellen! Genießen!

33. Erbstück-Tomaten-Sashimi

Macht: 6

ZUTATEN:
- 4 Esslöffel Reisessig
- 1 Teelöffel Zucker
- 3 alte Tomaten, entkernt und in Scheiben geschnitten
- 1 Zitrone, halbiert
- 1 Tasse geriebener Daikon
- 2 Teelöffel Meersalz
- ¼ Teelöffel Matcha

ANWEISUNGEN:
a) Reisessig und Zucker in einem Topf verrühren.
b) Fast zum Kochen bringen und dann etwa 2 Minuten köcheln lassen.
c) Vom Herd nehmen und vollständig abkühlen lassen.
d) Die Tomaten auf 2 Servierteller verteilen.
e) Den reduzierten Essig über die Tomaten streuen.
f) Je 1 Zitronenhälfte auf den Rand jedes Tellers legen.
g) Geben Sie die Hälfte des Daikons auf jeden Teller.
h) Teilen Sie es auf zwei Gerichte auf.
i) Die Zitrone über den Tomaten auspressen.
j) Meersalz und Grüntee-Pulver vermischen.
k) Streuen Sie die Matcha-Salz-Mischung darüber.

34. Pistazien- und Matcha-Glückskugeln

Ergibt: 4 Portionen

ZUTATEN:
- 1 Teelöffel Grüntee-Matcha
- ½ Tasse rohe Cashewnüsse
- ½ Tasse ungesüßte Kokosraspeln
- 20 ml Esslöffel Mandelmehl
- 20 ml Esslöffel Kokosmehl
- 20 ml Esslöffel Wasser
- 20 ml Esslöffel Reismalzsirup
- 20 ml Esslöffel natives Kokosöl extra, geschmolzen
- ¼ Tasse geschälte Pistazien, gehackt

ANWEISUNGEN:

a) In einer Küchenmaschine Cashewnüsse, Kokosnuss, Mandelmehl, Kokosmehl und Grüntee-Matcha-Pulver vermischen, bis die Konsistenz feiner Krümel entsteht.

b) Wasser, Reismalzsirup und geschmolzenes Kokosöl hinzufügen und verrühren, bis alles gut vermischt ist. Die Mischung sollte klebrig genug sein, um zusammenzuhalten, aber nicht so klebrig, dass man sie nicht zu Kugeln rollen kann. Wenn die Mischung zu klebrig ist, fügen Sie noch etwas Kokosmehl hinzu. Wenn es zu trocken ist, fügen Sie noch etwas Wasser hinzu.

c) Rollen Sie die Mischung zu Kugeln, bedecken Sie sie mit den gehackten Pistazien und drücken Sie die Nüsse leicht in die Kugeln, damit sie fest bleiben. Lassen Sie die Kugeln im Kühlschrank fest werden. In einem luftdichten Behälter im Kühlschrank aufbewahren.

35. Matcha-Limetten-Popcorn

Ergibt: 2 Portionen

ZUTATEN
- 1 Esslöffel Kokosöl
- ¼ Tasse Popcornkerne
- 2 Esslöffel Zucker
- 1 Esslöffel vegane Butter
- ½ Teelöffel Wasser
- 1 Teelöffel Matcha-Pulver
- 1 Teelöffel sehr fein gehackte Limettenschale

ANWEISUNGEN
a) Das Öl in einem großen und tiefen Topf oder Topf bei mittlerer Hitze erhitzen. Geben Sie ein paar Popcornkerne in den Topf und warten Sie, bis sie platzen.

b) Sobald sie aufgeplatzt sind, die restlichen Popcornkörner hinzufügen, umrühren, bis sie mit Öl bedeckt sind, und vom Herd nehmen. Warten Sie 30-50 Sekunden und stellen Sie den Topf wieder auf den Herd.

c) Mit einem Deckel abdecken und warten, bis die Kerne aufplatzen. Sobald es zu platzen beginnt, schütteln Sie den Topf ein paar Mal, um sicherzustellen, dass alle Kerne gleichmäßig garen. Weiterkochen, bis alle Kerne aufgeplatzt sind. Vom Herd nehmen und in eine große Rührschüssel geben.

d) Den Zucker und die vegane Butter in einen kleinen Topf geben. Fügen Sie gerne auch eine Prise Salz hinzu. Bei mittlerer Hitze erhitzen und etwa 1 Minute kochen lassen. Fügen Sie das Wasser hinzu, rühren Sie um und kochen Sie es weitere 20 Sekunden lang oder bis sich der Zucker vollständig aufgelöst hat.

e) Über das Popcorn gießen und dabei umrühren, damit es gleichmäßig mit dem Sirup bedeckt ist. Das Matcha-Pulver über das Popcorn sieben und verrühren. Die Limettenschale dazugeben und nochmals umrühren.

f) Sofort servieren! Dieses Popcorn wird am besten noch am selben Tag serviert, Sie können es aber am nächsten Tag in einem auf 350 °F vorgeheizten Ofen etwa 5 Minuten lang aufwärmen.

36. Matcha-Mochi

Ergibt: 6 Mochi

ZUTATEN
CASHEW CREME
- ½ Tasse rohe Cashewnüsse, über Nacht eingeweicht
- ½ Tasse Wasser

MATCHA-FÜLLUNG
- 50 g Kakaobutter
- 45 g Puderzucker
- 1 Teelöffel Matcha-Pulver in zeremonieller Qualität für den besten Geschmack
- 2 Esslöffel Cashewcreme
- ¼ Teelöffel Vanilleextrakt

MOCHI-TEIG
- ½ Tasse süßes Reismehl
- 2 Esslöffel weißer Zucker
- 6 Esslöffel Mandelmilch oder andere pflanzliche Milch
- 1 und ½ Teelöffel Öl
- ¼ Teelöffel Matcha-Pulver

ANWEISUNGEN
CASHEW CREME
a) Die Cashewnüsse abtropfen lassen und mit dem Wasser in einen Hochleistungsmixer geben. 30-50 Sekunden lang auf höchster Stufe mixen oder bis eine glatte Masse entsteht. In eine Schüssel umfüllen und beiseite stellen.

MATCHA-FÜLLUNG

b) Die Kakaobutter in einem kleinen Topf schmelzen. Sobald es geschmolzen ist, vom Herd nehmen. Die Kakaobutter sollte nicht heiß sein. Wenn es zu heiß ist, lassen Sie es einige Minuten abkühlen, bis es Raumtemperatur erreicht hat.

c) Geben Sie die geschmolzene Kakaobutter in eine kleine Schüssel. Puderzucker, Matcha, Cashewcreme und Vanille hinzufügen.

d) So lange verrühren, bis alles gut vermischt ist, und 2-3 Minuten lang weiterrühren, oder bis es leicht eingedickt ist.

e) In den Kühlschrank stellen und etwa 2 Stunden lang oder bis es fest ist im Kühlschrank lagern.

f) Mochi-Teig

g) In einer kleinen Schüssel das süße Reismehl, den weißen Zucker, die Mandelmilch, das Öl und das Matcha-Pulver verrühren.

h) Bringen Sie einen Topf mit Wasser zum Kochen und stellen Sie einen Bambus-Dampfkorb darauf.

i) Füllen Sie die Mischung in einen Behälter, der in Ihren Bambusdämpfer passt.

j) Mit dem Deckel verschließen und 20 Minuten dämpfen. Nach der Hälfte der Garzeit mit einem Löffel umrühren.

k) Lassen Sie den Teig nach 20 Minuten 15-20 Minuten abkühlen oder bis er gerade noch warm ist. In eine Schüssel geben und mit einem Holzlöffel gut umrühren, bis der Teig glatt ist.

l) Wickeln Sie den klebrigen Teig in Plastikfolie ein und stellen Sie ihn etwa 45 Minuten lang in den Kühlschrank.

m) Zum Formen: 1,5 Teelöffel Kugeln aus der Matcha-Füllung herausnehmen, vorsichtig zu Kugeln rollen und beiseite stellen. Bestäuben Sie eine Arbeitsfläche mit Maisstärke. Nehmen Sie eine kleine Menge Mochi-Teig und drücken Sie ihn auf der bestäubten Oberfläche flach aus.

n) Legen Sie eine Kugel der Füllung in die Mitte des Teigs und wickeln Sie den Teig um die Füllung. Drücken Sie die Ränder zusammen, um sie zu versiegeln. Mit der versiegelten Seite nach unten auf einen Teller legen. Mit der restlichen Füllung und dem restlichen Teig wiederholen.

o) Sofort genießen oder für ein paar Stunden im Kühlschrank lagern. Mochi wird am besten noch am selben Tag serviert, ist aber im Kühlschrank bis zu 3 Tage haltbar.

37. Matcha-Schokolade mit Macadamia

Ergibt: 2 Portionen
ZUTATEN:
- 10g Kakaobutter
- 3 Esslöffel festes Kokosöl
- 2 Teelöffel Matcha-Pulver
- 1 Teelöffel rohes Kakaopulver
- 2,5 Esslöffel flüssiger Süßstoff
- Prise Vanilleextrakt
- Prise Meersalz
- 1 Teelöffel Zitronenschale
- Belag nach Wahl. Ich habe mich für Macadamia-Nüsse, Pepitas und Goji-Beeren entschieden.

ANWEISUNGEN:

a) Eine Pfanne mit Backpapier auslegen.
b) Kakaobutter in eine Schüssel geben und die Schüssel auf einen kleinen Topf mit kochendem Wasser stellen.
c) Die Kakaobutter schmelzen und das Kokosöl hinzufügen.
d) Lassen Sie es schmelzen und rühren Sie es mit einem Holz- oder Silikonspatel um.
e) Matcha- und Kakaopulver hinzufügen und umrühren.
f) Fügen Sie Vanille, Meersalz und Süßungsmittel Ihrer Wahl hinzu und rühren Sie, bis sich alles vermischt hat.
g) Nehmen Sie die Schüssel vom Herd und rühren Sie langsam weiter, bis die Schokolade leicht fest wird.
h) Zitronenschale hinzufügen und weiterrühren, um sie gleichmäßig zu verteilen.
i) Gießen Sie die Schokolade in die vorbereitete Form und fügen Sie Ihre Toppings hinzu.
j) In den Kühlschrank stellen und vollständig fest werden lassen.

38. Matcha-Erdnuss-Mochi

ZUTATEN:
MOCHI:
- 300 g Klebreismehl
- 50g Weizenstärke
- 75 g Puderzucker
- 1 ½ Esslöffel Öl
- 450 ml Wasser
- ½ Teelöffel Matcha-Pulver

ERDNUSSFÜLLUNG:
- 300 g gemischte geröstete Erdnüsse
- 100g Puderzucker
- ¼ Teelöffel Salz

Mehl zum Bestäuben und Bestäuben:
- 200 g Reismehl, 20 Minuten bei mittlerer Hitze gebraten.

ANWEISUNGEN:
a) Alle Mochi-Zutaten vermischen, bis alles gut vermischt ist. Durch ein Sieb gießen und in ein gefettetes Dampfgarblech geben und bei mittlerer Hitze 25 Minuten dämpfen.

b) Wenn die Reismehlmischung kühl genug zum Anfassen ist, kratzen Sie sie auf einer Arbeitsfläche aus, auf der Sie leicht Mehl bestäuben.

c) Teilen Sie den Teig mit einem scharfen, mit Mehl bestäubten Messer in kleine Portionen von jeweils etwa 35-40 g.

d) Arbeiten Sie mit einem Stück nach dem anderen, bestäuben Sie Ihre Hände mit Mehl, damit es nicht kleben bleibt, und rollen Sie jedes Stück zu einer Kugel.

e) Drücken Sie die Kugel flach und formen Sie sie dann mit den Händen zu einer runden Kugel mit einem Durchmesser von 8 cm.

f) Mischen Sie alle Zutaten für die Füllung, geben Sie dann einen Esslöffel der Füllung in die Mitte der Runde, legen Sie dann die Ränder über die Füllung, um sie zu umschließen, und drücken Sie sie gut zusammen, um sie zu verschließen.

g) Rollen Sie ihn vorsichtig erneut zu einer Runde und drücken Sie dabei leicht auf die Oberseite, um ihn etwas flacher zu machen.

h) Den Mochi mit Mehl bestreichen, um die Oberfläche zu glätten.

i) Mochi bleibt in einem luftdichten Behälter bis zu 2 Tage haltbar.

39. Blaubeer-Matcha-Muffins

ZUTATEN
NASS:
- ½ Tasse Matcha
- 1 Teelöffel Zitronenschale
- ½ Tasse Vollmilch, warm
- 1 Stange ungesalzene Butter, geschmolzen
- 2 Eier

TROCKEN:
- 2 ½ Tasse glutenfreies Allzweckmehl
- 2 Teelöffel Backpulver
- ¼ Teelöffel Backpulver
- 1 Tasse weißer Kristallzucker
- 1 Teelöffel koscheres Salz
- 1 Tasse frische Blaubeeren

ANWEISUNGEN:

a) Heizen Sie Ihren Backofen auf 350 Grad vor.

b) In einem Mixer. Fügen Sie alle feuchten Zutaten hinzu und lassen Sie sie zehn Minuten lang ruhen, dann mixen Sie alles, bis eine glatte Masse entsteht.

c) Die Mischung wird durch den Matcha indigoblau und sieht durch die geschmolzene Butter etwas dicker aus. Leg es zur Seite.

d) In eine große Schüssel glutenfreies Mehl, Backpulver, Natron, Zucker und koscheres Salz geben und vermischen.

e) Behalten Sie eine viertel Tasse der Trockenmischung und rühren Sie die Blaubeeren um, bis sie bedeckt sind, und stellen Sie sie beiseite.

Dadurch wird überschüssige Feuchtigkeit absorbiert und verhindert, dass sie die Konsistenz des Teigs verändert.

f) Währenddessen in einer großen Schüssel die feuchten Zutaten mit einem Spatel unter die trockenen Zutaten rühren. Die Mischung variiert in den Blautönen und das ist in Ordnung. Sobald der Teig gut vermischt ist, die Blaubeeren darüberstreuen und vorsichtig unterheben.

g) Stellen Sie Ihre Mini-Muffinformen mit Muffinförmchen zusammen.

h) Füllen Sie die Mini-Muffinformen mit einem Löffel zu $\frac{3}{4}$ voll.

i) Backen Sie die Muffins 10 Minuten lang oder bis ein hineingesteckter Zahnstocher sauber herauskommt.

40. Matcha-Müsliriegel

Ergibt: 4 Portionen

ZUTATEN:
- 2 Tassen Haferflocken, auf Wunsch auch glutenfrei
- 1 Tasse Pepitas
- 1 ½ Tassen ungesüßtes Puffreis-Müsli
- ½ Tasse Trockenfrüchte, grob gehackt
- ¼ Teelöffel Meersalzflocken
- 1½ Esslöffel Matcha-Pulver
- ⅓ Tasse brauner Reissirup
- 3 Esslöffel Ahornsirup
- ½ Tasse Tahini
- 2 Esslöffel Kokosöl
- 1 Teelöffel Vanilleextrakt

ANWEISUNGEN:
a) Backofen auf 160 °C vorheizen.
b) Haferflocken und Pepitas auf einem Backblech vermischen und 10–15 Minuten backen, dabei ein- oder zweimal umrühren, bis die Haferflocken goldbraun sind und ein nussiges Aroma haben.
c) In einem kleinen Topf den braunen Reissirup, Ahornsirup, Tahini, Kokosöl und Vanille vermischen.
d) Zum Kombinieren verquirlen. Nicht überhitzen.
e) In einer großen Schüssel die abgekühlten Haferflocken und Kürbiskerne mit den gehackten Trockenfrüchten, Reisbällchen, Salz und Matcha-Pulver vermischen.

f) Gießen Sie die feuchten Zutaten über die trockenen Zutaten und rühren Sie schnell um, um sie zu vermischen.

g) Gießen Sie die Mischung in eine mit Frischhaltefolie oder Backpapier ausgelegte Brownie-Pfanne. Drücken Sie die Mischung fest, insbesondere in die Ecken.

h) Zum Festwerden einige Stunden in den Kühlschrank stellen, dann aus dem Kühlschrank nehmen und in Riegel schneiden. Reste können bis zu zwei Wochen im Kühlschrank aufbewahrt werden.

41. Matcha-Yuzu-Popcorn

Ergibt: 2 Portionen

ZUTATEN
- 1 Esslöffel Kokosöl
- ¼ Tasse Popcornkerne
- 2 Esslöffel Zucker
- 1 Esslöffel vegane Butter
- ½ Teelöffel Wasser
- 1 Teelöffel Matcha-Pulver
- 1 Teelöffel sehr fein gehackte Yuzu-Schale und -Saft

ANWEISUNGEN
g) Das Öl in einem großen und tiefen Topf oder Topf bei mittlerer Hitze erhitzen.
h) Geben Sie ein paar Popcornkerne in den Topf und warten Sie, bis sie platzen.
i) Sobald sie aufgeplatzt sind, die restlichen Popcornkörner hinzufügen, umrühren, bis sie mit Öl bedeckt sind, und vom Herd nehmen. Warten Sie 30–50 Sekunden und stellen Sie den Topf wieder auf den Herd.
j) Mit einem Deckel abdecken und warten, bis die Kerne aufplatzen. Sobald es zu platzen beginnt, schütteln Sie den Topf ein paar Mal, um sicherzustellen, dass alle Kerne gleichmäßig garen. Weiterkochen, bis alle Kerne aufgeplatzt sind. Vom Herd nehmen und in eine große Rührschüssel geben.

k) Den Zucker und die vegane Butter in einen kleinen Topf geben. Fügen Sie gerne auch eine Prise Salz hinzu. Bei mittlerer Hitze erhitzen und etwa 1 Minute kochen lassen. Fügen Sie das Wasser hinzu, rühren Sie um und kochen Sie es weitere 20 Sekunden lang oder bis sich der Zucker vollständig aufgelöst hat.

l) Über das Popcorn gießen und dabei umrühren, damit es gleichmäßig mit dem Sirup bedeckt ist.

m) Den Matcha über das Popcorn sieben und verrühren. Geben Sie die Yuzu-Schalen und den Saft hinzu und rühren Sie noch einmal um.

n) Sofort servieren.

42. Matcha-Mandelkipferl

Ergibt: 3 Dutzend Kekse

ZUTATEN
Matcha-TEIG:
- ½ Tasse vegane Butter
- ½ Tasse glatte Mandelbutter
- ⅔ Tasse Kristallzucker
- 3 Esslöffel veganer Vanillejoghurt
- 1 Esslöffel Matcha-Teepulver
- 1 Teelöffel Vanilleextrakt
- ½ Teelöffel Mandelextrakt
- 2 Tassen Allzweckmehl
- 1 Tasse blanchiertes Mandelmehl
- ¼ Teelöffel Salz

BEENDEN:
- ½ Puderzucker

ANWEISUNGEN
a) Mit Ihrer Küchenmaschine und installiertem Rühraufsatz Butter, Mandelbutter, Zucker, Joghurt, blauen Matcha, Vanille und Mandelextrakt cremig rühren. Mischen, bis alles vollständig homogen, leicht und locker ist.

b) In einer separaten Schüssel Mehl und Salz verquirlen. Geben Sie die trockenen Zutaten nach und nach mit dem Motor auf niedrigster Geschwindigkeit hinzu, bis sie vollständig eingearbeitet sind. Machen Sie eine Pause, um bei Bedarf die Seiten der Schüssel abzukratzen.

c) Für jeden Keks etwa kleine Teigkugeln ausstechen und zwischen leicht angefeuchteten Händen zu Zylindern rollen. Drücken Sie mit sanfter Kraft auf die äußeren Enden, um sie in spitzere Hörner zu verwandeln, und biegen Sie sie in Halbmondformen.

d) Mit einem Abstand von ca. 2,5 cm auf ungefettete Backbleche legen und 22-26 Minuten backen, oder bis der Teig fest ist und der Boden leicht gebräunt ist. Lassen Sie es 2-3 Minuten lang stehen, bevor Sie es zum vollständigen Abkühlen auf Gitterroste legen.

e) Zum Überziehen mit Puderzucker bestreuen. Bis zu 3 Monate im Gefrierschrank servieren oder aufbewahren.

HAUPTKURS

43. Matcha-Linsen-Kokos-Curry

Ergibt: 4 Portionen

ZUTATEN:
- 2 Teelöffel Matcha-Pulver
- 1⅓ Tasse rote Linsen
- 1 rote Zwiebel
- 3 Knoblauchzehen
- 1 Stück Ingwer
- 1 Teelöffel Currypulver
- 1 Teelöffel Kurkumapulver
- 1 Teelöffel Kreuzkümmelsamen
- 3 Kardamomkapseln, zerdrückt
- 1 Dose Kokosmilch
- 2 Tassen Gemüsebrühe
- 2 große Handvoll Spinat

ANWEISUNGEN:

a) Das Olivenöl in einer Bratpfanne bei mittlerer Hitze erhitzen. Zwiebeln, Knoblauch und Ingwer hinzufügen und einige Minuten braten, bis sie weich sind. Alle Gewürze hinzufügen und noch ein paar Minuten kochen lassen.

b) Linsen und Gemüsebrühe hinzufügen. Zum Kochen bringen, dann die Hitze reduzieren und fünf Minuten köcheln lassen.

c) Die Kokosmilch dazugeben und mit Salz und Pfeffer würzen. Weitere 15-20 Minuten unter regelmäßigem Rühren kochen, bis die Linsen gar sind. Vom Herd nehmen und Spinat und Matcha-Pulver unterrühren.

44. Spinat und Matcha Dhal

Macht: 2

ZUTATEN:
- 2 gehäufte Teelöffel Matcha-Pulver
- 2 Teelöffel Ghee
- 1 Zwiebel, fein gehackt
- 2 kleine Knoblauchzehen, fein gehackt
- 1 Tasse rote Linsen
- 1 Dose Kokoscreme
- 500 ml frische Gemüsebrühe
- 300g Spinat
- 2 Teelöffel gemahlener Kreuzkümmel
- 1 Teelöffel gemahlener Kurkuma
- 1 Teelöffel gemahlener Ingwer
- 1 Teelöffel gemahlener Koriander
- Eine Prise Curryblätter
- ½ getrocknete Chiliflocken
- Ein Bund Korianderstängel, fein gehackt, Blätter getrennt und zerzupft
- Salz und Pfeffer nach Geschmack

DIENEN:
- Kokosjoghurt
- Methode:

ANWEISUNGEN:

a) Das Ghee in einem großen Topf erhitzen. Die Zwiebel dazugeben und etwa 5 Minuten anschwitzen, bis die Zwiebeln weich sind

b) Den Knoblauch und die Korianderstiele hinzufügen und 1 Minute kochen lassen. Kreuzkümmel, Kurkuma, Ingwer, gemahlenen Koriander, Curryblätter und Chiliflocken hinzufügen, verrühren und eine weitere Minute kochen lassen.

c) Linsen einrühren und 1 Minute kochen lassen. Die Dose Kokoscreme und die Gemüsebrühe hinzufügen und zum Kochen bringen. Hitze reduzieren und ca. 10 Min. köcheln lassen. 10 Minuten.

d) Blattspinat unterrühren und ca. 10 Min. köcheln lassen. 40 Minuten kochen lassen, dabei gelegentlich umrühren, damit die Linsen nicht kleben bleiben und bei Bedarf noch mehr heißes Wasser hinzufügen.

e) 5 Minuten vor Ende der Garzeit das Matcha-Pulver unterrühren.

f) Salz und Pfeffer hinzufügen. Sobald die Linsen weich sind und eine schöne, cremige Konsistenz haben, vom Herd nehmen und die Korianderblätter unterrühren, einige davon zum Garnieren übrig lassen.

g) Servieren Sie die Schüsseln mit einer Prise Korianderblättern und fügen Sie einen Klecks Kokosjoghurt hinzu oder servieren Sie es als Beilage.

45. Pochierter Lachs mit grüner Kräutersalsa

Ergibt: 4 Portionen

ZUTATEN:
- 3 Tassen Wasser
- 4 grüne Teebeutel
- 2 große Lachsfilets
- 4 Esslöffel natives Olivenöl extra
- 3 Esslöffel Zitronensaft, frisch gepresst
- 2 Esslöffel Petersilie, frisch gehackt
- 2 Esslöffel Basilikum, frisch gehackt
- 2 Esslöffel Oregano, frisch gehackt
- 2 Esslöffel asiatischer Schnittlauch, frisch gehackt
- 2 Teelöffel Thymianblätter
- 2 Teelöffel Knoblauch, gehackt

ANWEISUNGEN:

a) Wasser in einem großen Topf zum Kochen bringen. Die grünen Teebeutel hinzufügen und vom Herd nehmen.

b) Lassen Sie die Teebeutel 3 Minuten ziehen. Nehmen Sie die Teebeutel aus der Kanne und bringen Sie das mit Tee angereicherte Wasser zum Kochen. Den Lachs dazugeben und die Hitze reduzieren.

c) Die Lachsfilets pochieren, bis sie in der Mitte undurchsichtig werden. Kochen Sie den Lachs 5-8 Minuten lang oder bis er vollständig gar ist.

d) Den Lachs aus dem Topf nehmen und beiseite stellen.

e) Geben Sie alle frisch gehackten Kräuter, Olivenöl und Zitronensaft in einen Mixer oder eine Küchenmaschine. Gut vermischen, bis die Mischung eine glatte Paste bildet. Die Paste mit Salz und Pfeffer würzen. Bei Bedarf können Sie die Gewürze anpassen.

f) Den pochierten Lachs auf einer großen Platte servieren und mit der frischen Kräuterpaste belegen.

46. Brühe aus grünem Tee und Pilzen mit Miso

Ergibt: 2 Portionen
ZUTATEN:
- 1 Beutel grüner Tee
- 3 Tassen kochendes Wasser oder Gemüsebrühe
- 1 Teelöffel Olivenöl
- $\frac{1}{2}$ Teelöffel Sesamöl
- $\frac{1}{4}$ Tasse Zwiebel; fein gewürfelt
- $\frac{1}{2}$ Pfund weiße Pilze; dünn geschnitten
- $\frac{1}{4}$ Tasse Karotte; geschreddert
- 1 2-Zoll-Stück Zitronengras; oder Zitronenschale
- 1 große Knoblauchzehe; gehackt
- 1 Esslöffel Miso; in Plastik verpackt
- Salz und Pfeffer; schmecken

ANWEISUNGEN:
a) Lassen Sie den Tee etwa 4 Minuten lang in Wasser oder Brühe ziehen, bis er aufgebrüht ist. Entfernen Sie den Teebeutel.
b) Erhitzen Sie einen 1 Liter schweren Topf bei mittlerer Hitze, bis er warm ist. Oliven- und Sesamöl hinzufügen. Fügen Sie sofort Zwiebeln, Pilze, Karotten, Zitronengras oder Zitronenschale und Knoblauch hinzu. 4-5 Minuten kochen lassen. Tee hinzufügen; 5 Minuten leicht köcheln lassen. In eine Thermoskanne füllen.
c) Wenn Sie es essen möchten, packen Sie Miso aus und geben Sie es in eine Thermoskanne. Abdecken und leicht schütteln. Ergibt: 1 große Portion oder zwei 1-Tassen-Portionen.

47. Grünes Matcha-Hühnercurry mit Limette

Ergibt: 4 Portionen
ZUTATEN

- 2 Esslöffel Koriander, Samen plus 1 großer Bund, gehackt
- 1 Esslöffel Kreuzkümmel, Samen
- 1 ½ Teelöffel grüner Tee
- 1 Prise frisch geriebene Muskatnuss
- 6 Knoblauchzehen, gehackt
- 5 Schalotten, gehackt
- 8 Chilischoten, grün, entkernt und gehackt
- 125 g Galgant, gehackt
- 2 Stängel Zitronengras, äußere Blätter entfernt, innere Stängel gehackt
- 4 Kaffernlimettenblätter, gehackt
- 2 Esslöffel Garnelenpaste
- 1 Limette, entsaftet
- 4 Esslöffel Erdnussöl
- 2 Hähnchenbrustfilets ohne Haut, in Scheiben geschnitten
- 400 ml Hühnerbrühe
- 400 ml Kokosmilch
- 250 g Zuckererbsen, grob geschnitten
- 4 kleine Bok Choy, grob gehackt
- Salz
- Schwarzer Pfeffer, frisch gemahlen
- Korianderzweige
- 2 Limetten, in Spalten geschnitten
- 1 Esslöffel schwarze Pfefferkörner, zerstoßen

ANWEISUNGEN:

a) Wie man ein würziges grünes Matcha-Hühnchen-Curry mit Limette macht
b) Koriander- und Kreuzkümmelsamen in einer trockenen Bratpfanne bei mittlerer Hitze rösten, bis sie aromatisch sind.
c) In eine Gewürzmühle geben, das Matcha-Pulver hinzufügen und pürieren, bis es fein und pudrig ist.
d) Geben Sie es in einen Mixer oder eine Küchenmaschine.
e) Muskatnuss, Knoblauch, Schalotten, Koriander, Chilis, Galgant, Zitronengras, Kaffern, Limettenblätter, Garnelenpaste und Limettensaft hinzufügen.
f) Auf höchster Stufe mixen, bis eine glatte und pastöse Masse entsteht.
g) 2 Esslöffel Öl in einem großen Wok-Set bei mäßiger Hitze erhitzen.
h) Würzen Sie das Hähnchen mit Salz und Pfeffer, bevor Sie es in den Wok geben und unter Rühren etwa 3-4 Minuten lang goldbraun braten.
i) Auf einen Teller geben.
j) Fügen Sie das restliche Öl und dann die Paste hinzu und braten Sie sie unter ständigem Rühren etwa 4-5 Minuten lang, bis sie anfängt, dunkler zu werden.
k) Brühe und Kokosmilch unterrühren und zum Kochen bringen.
l) Legen Sie das Hähnchen in die Soße, decken Sie es teilweise mit einem Deckel ab und kochen Sie es bei schwacher Hitze etwa 6-8 Minuten lang, bis es gar ist.

m) Zuckererbsen und Pak Choi zum Curry geben und weitere 3-4 Minuten garen, bis sie gerade weich sind.

n) Das Curry mit Salz und Pfeffer abschmecken.

o) Servieren Sie das grüne Matcha-Hühnchen-Curry aus dem Wok mit einer Garnitur aus Korianderzweigen, einigen Limettenspalten und einer Prise zerstoßener schwarzer Pfefferkörner.

48. Mit Matcha geräuchertes Hähnchen mit Mango-Reissalat

Ergibt: 4 Portionen

ZUTATEN
Mit Matcha geräuchertes Huhn
- 3 Hähnchenbrüste, mit Haut
- 50 g grobes Meersalz
- 2 Esslöffel Matcha
- 50g Honig
- ½ Esslöffel schwarze Pfefferkörner, zerstoßen
- 1l kochendes Wasser
- 50 g Reis, jede Sorte reicht aus
- 30 g Puderzucker
- 20 g hellbrauner Zucker

SALAT
- 150 g brauner Reis
- 200 g grüne Bohnen, geputzt und in 5 cm lange Stücke geschnitten
- 2 Mangos, gerade reif
- 4 Esslöffel frische Minze, gehackt
- 4 Esslöffel frischer Koriander, gehackt, plus etwas zum Garnieren
- 2 rote Chilis, entkernt und fein gehackt
- Limette, zum Servieren in Spalten schneiden

DRESSING
- 3 Esslöffel Reisessig
- 1 Limette, abgerieben und entsaftet
- 3 Esslöffel Erdnussöl oder Rapsöl
- 1 Esslöffel Ingwer, gerieben
- 1 Knoblauchzehe, zerdrückt

- 1 Teelöffel Fischsauce
- 2 Teelöffel Honig

ANWEISUNGEN:

a) Kochendes Wasser, Meersalz, 1 Esslöffel Matcha, Honig und Pfefferkörner in einer Schüssel vermischen und verrühren, bis sich alles aufgelöst hat. Vollständig abkühlen lassen

b) Legen Sie die Hähnchenbrüste in eine flache, nicht reaktive Schüssel und stechen Sie sie einige Male mit einem scharfen Messer ein. Die Salzlake darübergießen und die Form für 3 Stunden in den Kühlschrank stellen

c) Nehmen Sie das Huhn aus der Salzlake und entsorgen Sie die Salzlake. Spülen Sie die Hähnchenbrüste kurz ab, legen Sie sie dann auf einen Teller und stellen Sie sie offen für 4-8 Stunden in den Kühlschrank.

d) Bereiten Sie einen Räucherofen vor, indem Sie Reis, Zucker und restlichen Matcha auf den Boden des Tabletts legen. Schalten Sie die Heizung ein

e) Sobald Rauchschwaden aufsteigen, legen Sie die Hähnchenbrüste auf einen Rost in der Mitte und räuchern sie zugedeckt bei mittlerer bis niedriger Hitze etwa 35 Minuten lang. Überprüfen Sie, ob sie gar sind, indem Sie sie in der Mitte aufschneiden – der Saft sollte klar sein und es sollte kein rosafarbenes Fleisch vorhanden sein

f) Für den Salat den braunen Reis in einem großen Topf mit kochendem Wasser etwa 25 Minuten lang kochen, bis er gerade al dente ist. Abgießen und abkühlen lassen

g) Kochen Sie die grünen Bohnen 3 Minuten lang in kochendem Wasser und spülen Sie sie dann unter kaltem Wasser ab. Abgießen und abkühlen lassen.

h) Schälen Sie die Mangos und schneiden Sie das Fruchtfleisch vom Stein ab. In dünne Scheiben schneiden und in eine große Schüssel geben. Minze, Koriander, Chilis, grüne Bohnen und braunen Reis hinzufügen. Zusammen werfen

i) Die Zutaten für das Dressing verrühren. Probieren und prüfen Sie die Gewürze – vielleicht möchten Sie etwas mehr Essig, Limettensaft oder Honig. Mit der Reismischung vermischen

j) Den Reissalat auf vier Teller oder Schüsseln verteilen. Die geräucherten Hähnchenbrüste in Scheiben schneiden und gestapelt auf dem Mango-Reissalat servieren. Mit zusätzlichen Korianderblättern und Limettenschnitzen garnieren.

49. Im Tee geräucherte Lammkoteletts mit Misosauce

Macht: 4

ZUTATEN
- 8 magere Lammkoteletts

FÜR DIE MARINADE:
- ½ rote Zwiebel, geschält und fein gehackt
- 2 Knoblauchzehen, geschält und fein gehackt
- 5 cm großes Stück frische Ingwerwurzel, geschält und fein gehackt
- 1 rote Chilischote, entkernt und grob gehackt
- 1 Esslöffel Reisweinessig oder Sherryessig

FÜR DIE GERÄUCHERTEN KOTELETTEN:
- 8 Esslöffel feine Räucherspäne
- 5 Esslöffel ungekochter Trockenreis
- 2 Esslöffel Matcha-Grünteeblätter

FÜR DIE KOREANISCHE UND WEISSE MISO-DIP-SAUCE:
- 100g zubereitetes Gochujang
- 2 Esslöffel Reisessig
- 1 Esslöffel Puderzucker
- 2 Teelöffel weiße Misopaste
- 1 Eigelb
- Frisch gehackter Koriander und rote Chilis zum Garnieren

ANWEISUNGEN:

a) Zur Zubereitung der Marinade; In einer großen flachen Schüssel alle Zutaten vermischen.

b) Die Koteletts dazugeben, abdecken und 2 Stunden im Kühlschrank marinieren, oder wenn es die Zeit erlaubt, über Nacht.

c) Erhitzen Sie einen Wok oder einen großen Topf, bis er heiß ist, und geben Sie die Holzspäne hinein. Nach dem Räuchern den trockenen Reis hinzufügen. 2-3 Minuten erhitzen und dann den grünen Tee hinzufügen.

d) Legen Sie die Koteletts in einen Bambusdämpfer, decken Sie ihn ab und legen Sie ihn auf die Räuchermischung. 3-4 Minuten räuchern.

e) Zur Zubereitung des Dips; In einer kleinen Pfanne Gochujang, Reisessig, Puderzucker und Miso verrühren. Bei schwacher Hitze sanft kochen, dabei gelegentlich umrühren. Vom Herd nehmen und das Eigelb unterrühren. Zum Abkühlen beiseite stellen.

f) Die Koteletts unter einem vorgeheizten, mittelstarken Grill oder einem vorbereiteten Grill auf jeder Seite 2-3 Minuten lang garen.

g) Servieren Sie die Koteletts garniert mit frischen Korianderblättern und fein gehackten Chilis und der Dip-Sauce.

50. Matcha gedämpfter Kabeljau

Ergibt: 4 Portionen

ZUTATEN
- 2 Tassen geschälte Julienned-Süßkartoffeln
- 1 Pfund Kabeljau, in 4 Stücke geschnitten
- 2 Teelöffel Matcha-Pulver
- 4 Esslöffel ungesalzene Butter
- 8 Zweige frischer Thymian
- 4 Scheiben frische Zitrone
- 1 Teelöffel koscheres Salz

ANWEISUNGEN:
a) Heizen Sie den Ofen auf 425 Grad F vor. Nehmen Sie 4 Blatt Pergamentpapier, jedes etwa 12 x 16 Zoll groß, in zwei Hälften und falten Sie es dann auseinander, um eine Falte zu bilden.

b) Legen Sie einen Stapel Süßkartoffelstreifen auf eine Seite jedes Pergamentstücks und belegen Sie jedes Stück mit einem Stück Kabeljau.

c) Bestreuen Sie jedes Fischstück mit 1 Teelöffel Matcha und belegen Sie es dann mit 1 Esslöffel Butter, 2 Zweigen Thymian und einer Zitronenscheibe. mit Salz.

d) Falten Sie Pergamentpapier um, um die Füllung zu umschließen, und falten Sie die Kanten zusammen, um sie zu verschließen und eine halbmondförmige Packung zu formen.

e) Auf ein Backblech legen und 20 Minuten backen. Nehmen Sie die Päckchen aus dem Ofen und lassen Sie sie 5 bis 10 Minuten ruhen, bevor Sie sie öffnen.

SOSSEN UND PESTOS

51. Matcha-Pulver-Pesto-Sauce

Ergibt: 32 Portionen

ZUTATEN
- 1 Esslöffel Matcha-Pulver
- 1 Tasse frische Basilikumblätter
- ½ Tasse frischer Babyspinat
- ½ Tasse frische glatte Petersilienblätter
- 1 große Knoblauchzehe
- 3 ½ Esslöffel Pinienkerne oder Mandelsplitter
- ½ Tasse fein geriebener Parmesankäse
- Schale einer Zitrone
- 1-¼ Tasse natives Olivenöl extra
- Prise Salz
- Prise schwarzer Pfeffer

ANWEISUNGEN
a) Matcha, Basilikum, Spinat, Petersilie, Knoblauch, Nüsse, Zitronenschale, Salz und Pfeffer in eine Küchenmaschine oder einen Mixer geben und zu einer Paste mixen.

b) Fügen Sie den Käse hinzu und zerkleinern Sie ihn, während Sie das Öl darüberträufeln.

52. Matcha-Guacamole

ZUTATEN

- 2-4 Teelöffel Matcha-Pulver
- 3 reife Avocados
- 1 kleine rote Zwiebel, fein gehackt
- Eine Handvoll Kirschtomaten, gewaschen und fein gehackt
- 3 Blattkorianderzweige, gewaschen und fein gehackt
- Extra natives Olivenöl zum Beträufeln
- Saft von 1 Limette
- Gewürze: Salz, Pfeffer, getrockneter Oregano, Paprika und zerstoßene Koriandersamen

ANWEISUNGEN:

a) Avocados halbieren, entsteinen und grob hacken. Lassen Sie eine Handvoll grob gehackte Avocados beiseite.

b) Die restlichen Zutaten in eine große Schüssel geben und die Guacamole mit einer Gabel zerdrücken und gut umrühren.

c) Den Rest der Avocados hinzufügen und einige Korianderblätter darüber streuen.

53. Matcha und Rote-Bete-Hummus

ZUTATEN

- ½ Teelöffel Matcha-Pulver
- 400 g Kichererbsen aus der Dose, abgetropft und abgespült
- 250g gekochte Rote Bete
- 1 Knoblauchzehe
- 2 Esslöffel Tahini
- 2 Teelöffel gemahlener Kreuzkümmel
- 100 ml natives Olivenöl extra
- Zitronensaft
- Salz nach Geschmack

ANWEISUNGEN:

a) Geben Sie alle Zutaten außer den Kichererbsen in Ihren Mixer/Küchenmaschine. Mischen, bis eine glatte Masse entsteht.

b) Die Kichererbsen dazugeben und erneut mixen, bis eine glatte und köstliche Masse entsteht!

NACHTISCH

54. Wasabi-Gurken-Eis

Macht: 4-8

ZUTATEN:
- 1 Dose vollfette Kokosmilch
- 2 Esslöffel Zucker Ihrer Wahl
- 1 Gurke, klein gewürfelt
- ½ Limette, Saft
- 1 Teelöffel Matcha
- 1-2 Esslöffel Wasabipaste

ANWEISUNGEN:
a) Matcha, Kokosmilch, Zucker, Limettensaft, Wasabipaste und Gurke vermischen.
b) Wenn Sie eine Eismaschine haben, geben Sie einfach die Mischung hinein und gehen Sie nach den Anweisungen des Herstellers vor.
c) Oder geben Sie die Zutaten einfach in einen gefriergeeigneten Behälter und frieren Sie sie ein.
d) Rühren Sie die Mischung stündlich mit einer Gabel um, bis sie weitgehend fest ist.

55. Matcha-Erdbeer-Kuchen

ZUTATEN:
- 190 Gramm Allzweckmehl
- 10 Gramm Matcha-Pulver
- 15 Gramm Tapiokamehl
- 1 Teelöffel aluminiumfreies Backpulver
- 1/2 Teelöffel Backpulver
- 100 Gramm Zucker
- 1 Tasse Sojamilch oder Pflanzenmilch nach Wahl
- 70 Gramm neutrales Öl
- 1 Esslöffel weißer Essig
- vegane Schlagsahne
- Erdbeeren oder Himbeeren, in Scheiben geschnitten, zum Garnieren

ANWEISUNGEN:
a) Heizen Sie den Ofen auf 375 °F vor.
b) Eine Dose mit Backpapier auslegen.
c) In einer großen Schüssel die Milch langsam mit dem Olivenöl verrühren. Weiter schlagen, bis die Mischung emulgiert ist. Zucker hinzufügen und gut vermischen.
d) In dieselbe Schüssel die gesiebten trockenen Zutaten geben und verrühren, bis alles gut vermischt ist. Weißen Essig hinzufügen und gut vermischen.
e) Den Teig in die vorbereitete Form füllen.
f) Etwa 20-25 Minuten backen oder bis ein Zahnstocher sauber herauskommt. Lassen Sie es vollständig abkühlen, bevor Sie es dekorieren.
g) Den Kuchen mit Erdbeeren und Schlagsahne dekorieren.

56. Matcha-Mandel-Eis am Stiel

Macht: 4

ZUTATEN:
- 2 Tassen Mandelbutter
- 2 Esslöffel Mandelöl
- 1 Teelöffel Matcha
- $\frac{1}{4}$ Tasse Erythrit
- Eine Handvoll Mandelnüsse

ANWEISUNGEN:
a) Geben Sie alle Zutaten in einen Mixer und mixen Sie sie etwa 30 Sekunden lang, bis sie vollständig vermischt sind.
b) Gießen Sie die Mischung in 8 Eis am Stielformen und klopfen Sie dabei auf die Formen, um Luftblasen zu entfernen.
c) Mindestens 8 Stunden oder über Nacht einfrieren.
d) Eis am Stiel aus den Formen nehmen. Wenn sich das Eis am Stiel nur schwer entfernen lässt, halten Sie die Formen kurz unter heißem Wasser, dann lösen sich die Eis am Stiel.

57. Matcha-Johannisbrotbecher

Macht: 4

ZUTATEN:
- ⅔ Tasse Johannisbrotbutter
- ¾ Tasse Johannisbrotpulver
- ⅓ Tasse Ahornsirup
- ½ Tasse Cashewbutter
- 2 Teelöffel Matcha-Pulver
- Meersalz

ANWEISUNGEN:

a) Eine kleine Pfanne damit füllen ⅓ Geben Sie eine Tasse Wasser hinein und stellen Sie eine Schüssel darauf, so dass die Pfanne abgedeckt ist. Sobald die Schüssel heiß ist und das Wasser darunter kocht, schmelzen Sie die Johannisbrotbutter in der Schüssel, schalten Sie die Hitze ein und. Sobald die Schokolade geschmolzen ist, nehmen Sie sie vom Herd und rühren Sie den Ahornsirup und das Johannisbrotpulver ein paar Minuten lang ein, bis die Schokolade eindickt.

b) Füllen Sie die untere Schicht mit einem mittelgroßen Cupcake-Halter mit einem großzügigen Esslöffel der Schokoladenmischung. Wenn Sie alle Cupcake-Halter gefüllt haben, stellen Sie sie zum Festwerden 15 Minuten lang in den Gefrierschrank.

c) Nehmen Sie die gefrorene Schokolade aus dem Gefrierschrank und geben Sie einen Esslöffel Matcha-/Cashewbutterteig auf die gefrorene Schokoladenschicht. Sobald dies erledigt ist, gießen Sie die restliche geschmolzene Schokolade über jeden Klecks, so dass alles bedeckt ist. Mit Meersalz bestreuen und 15 Minuten im Gefrierschrank ruhen lassen.

58. Matcha-Fudge

Macht: 4

ZUTATEN:
- 85g geröstete Mandelbutter
- 60g Hafermehl
- 4 Teelöffel Matcha-Pulver
- 168g Proteinpulver
- 10 Tropfen Zitrone
- 1 Teelöffel Stevia-Extrakt
- 1 Tasse ungesüßte Vanille-Mandelmilch
- 4 Unzen dunkle Schokolade, geschmolzen

ANWEISUNGEN:
a) Mandelbutter in einem Topf schmelzen und Hafermehl, Matcha-Pulver, Proteinpulver, Zitronentropfen und Stevia hinzufügen. Gut mischen.
b) Gießen Sie nun die Milch hinzu und rühren Sie ständig um, bis alles gut vermischt ist.
c) Geben Sie die Mischung in eine Kastenform und stellen Sie sie in den Kühlschrank, bis sie fest ist.
d) Geschmolzene Schokolade darüber träufeln und erneut in den Kühlschrank stellen, bis die Schokolade fest ist.
e) In 5 Riegel schneiden und genießen.

59. Superfood-Eis

ZUTATEN
FÜR DIE EISMISCHUNG:
- 13,5-Unzen-Dose vollfette Kokosmilch
- $\frac{1}{4}$ Tasse körniger Bio-Süßstoff
- 2 Teelöffel Bio-Matcha-Pulver
- 1 Teelöffel Bio-Baobab-Pulver

FÜR DAS ADD-IN:
- $\frac{1}{2}$ Tasse Bio-Rohkakao-Nibs

ANWEISUNGEN:

a) Geben Sie alle Zutaten für die Eiscrememischung in einen Vitamix und mixen Sie, bis alles gut vermischt und glatt ist.

b) Gießen Sie die Eismischung in Ihre Eismaschine und bereiten Sie sie gemäß den Anweisungen Ihrer Maschine zu.

c) Wenn die Eismaschine mit der Zubereitung des Eises fertig ist, rühren Sie die Kakaonibs von Hand unter.

60. Matcha & Blaubeersorbet

Ergibt: 2 Portionen

ZUTATEN:
- 1 Teelöffel Matcha-Pulver
- 1 Tasse gefrorene Blaubeeren
- 1 gefrorene Banane
- $\frac{1}{4}$ Tasse Kokosmilch

ANWEISUNGEN:
a) Alle Zutaten in einen Mixer oder eine Küchenmaschine geben und glatt rühren.
b) Bei Bedarf mehr Flüssigkeit hinzufügen.

61. Matcha Key Lime Pie

Macht: 12

ZUTATEN:
FÜR DIE KRUSTE:
- 2 Tassen Paranüsse/Pekannüsse/Cashewnüsse
- ¼ Tasse Kokosraspeln
- 1 Tasse Medjool-Datteln

FÜR DIE FÜLLUNG:
- 2 Teelöffel Matcha-Pulver
- 1 ½ Tassen Cashewnüsse, eingeweicht
- 1 Avocado
- Saft von 3 Limetten
- ¼ Tasse Kokosöl, geschmolzen
- ½ Tasse Kokoscreme aus der Dose
- ⅓ Tasse roher Honig/Ahornsirup/Agavennektar

ANWEISUNGEN:
FÜR DIE KRUSTE:
a) Nüsse in einer Küchenmaschine fein pürieren.
b) Die restlichen Zutaten hinzufügen und zu einem Teig verrühren.
c) Den Boden gleichmäßig in eine Springform oder 4-6 Mini-Törtchenförmchen drücken.

FÜR DIE FÜLLUNG:
d) Alle Zutaten in einem Hochleistungsmixer pürieren, bis eine sehr glatte Masse entsteht.
e) Auf die Kruste gießen und 2-3 Stunden einfrieren.
f) 10-15 Minuten vor dem Servieren aus dem Gefrierschrank nehmen.

62. Tassen mit grünem Tee und Zitrone

Macht: 10

ZUTATEN:

- ½ Tasse Kokosnussbutter
- ½ Tasse Macadamianüsse
- ½ Tasse Kakaobutter
- ¼ Tasse Kokosöl
- ¼ Tasse Swerve, gepulvert
- 1 Esslöffel Zitronenschale, fein gerieben
- 1 Teelöffel Matcha-Pulver

ANWEISUNGEN:

e) Beginnen Sie damit, alle Zutaten, außer der Zitronenschale und dem Matcha, eine Minute lang in einer Küchenmaschine zu zerkleinern, um sie alle zu vermischen.

f) Teilen Sie die Mischung auf zwei Schüsseln auf. Es sollte möglichst gleichmäßig halbiert werden, bevor es in zwei Hälften geteilt wird.

g) Matcha-Pulver sollte in eine separate Schüssel gegeben werden. Kombinieren Sie in einem bestimmten Gericht die Zitronenschale und die anderen Zutaten.

h) Bereiten Sie 10 Mini-Muffinförmchen vor, indem Sie sie zur Hälfte mit der Matcha-Mischung füllen und sie dann mit anderthalb Esslöffeln Ihrer Zitronenmischung belegen. Beiseite legen. Stellen Sie sicher, dass es vor dem Servieren mindestens eine Stunde im Kühlschrank steht.

63. Matcha-Eis am Stiel

Macht: 4

ZUTATEN:
- 2 Tassen ungesüßte Kokoscreme, gekühlt
- 2 Esslöffel Kokosöl
- 1 Teelöffel Matcha
- $\frac{1}{4}$ Tasse Erythrit oder körniges Swerve

ANWEISUNGEN:
e) Alle ZUTATEN in einen Mixer geben und etwa 30 Sekunden lang mixen, bis alles vollständig vermischt ist.

f) Gießen Sie die Mischung in 8 Eis am Stielformen und klopfen Sie dabei auf die Formen, um Luftblasen zu entfernen.

g) Mindestens 8 Stunden oder über Nacht einfrieren.

h) Eis am Stiel aus den Formen nehmen. Wenn sich das Eis am Stiel nur schwer entfernen lässt, halten Sie die Formen kurz unter heißem Wasser, dann lösen sich die Eis am Stiel.

64. Matcha-Eis

Macht: 2

ZUTATEN:
- Matcha-Pulver, drei Esslöffel
- Halb und halb, zwei Tassen
- Koscheres Salz, eine Prise
- Zucker, halbe Tasse

ANWEISUNGEN:
a) In einem mittelgroßen Topf die Hälfte, den Zucker und das Salz verrühren.
b) Beginnen Sie mit dem Kochen der Mischung bei mittlerer Hitze und fügen Sie Grüntee-Pulver hinzu.
c) Vom Herd nehmen und die Mischung in eine Schüssel geben, die in einem Eisbad steht. Wenn die Mischung abgekühlt ist, decken Sie sie mit Plastikfolie ab und stellen Sie sie in den Kühlschrank.
d) Ihr Gericht ist servierfertig.

65. Matcha-Cashew-Becher

Macht: 4

ZUTATEN:

- ⅔ Tasse Kakaobutter.
- ¾ Tasse Kakaopulver.
- ⅓ Tasse Ahornsirup.
- ½ Tasse Cashewbutter oder was auch immer Sie möchten.
- 2 Teelöffel Matcha-Pulver.
- Meersalz.

ANWEISUNGEN:

d) Eine kleine Pfanne damit füllen ⅓ Geben Sie eine Tasse Wasser hinein und stellen Sie eine Schüssel darauf, so dass die Pfanne abgedeckt ist. Sobald die Schüssel heiß ist und das Wasser darunter kocht, schmelzen Sie die Kakaobutter in der Schüssel, schalten Sie die Hitze ein und. Sobald die Schokolade geschmolzen ist, nehmen Sie sie vom Herd und rühren Sie den Ahornsirup und das Kakaopulver ein paar Minuten lang ein, bis die Schokolade eindickt.

e) Füllen Sie die untere Schicht mit einem mittelgroßen Cupcake-Halter mit einem großzügigen Esslöffel der Schokoladenmischung. Wenn Sie alle Cupcake-Halter gefüllt haben, stellen Sie sie zum Festwerden 15 Minuten lang in den Gefrierschrank.

f) Nehmen Sie die gefrorene Schokolade aus dem Gefrierschrank und geben Sie einen Esslöffel Matcha-Cashewbutter-Teig auf die gefrorene Schokoladenschicht. Sobald dies erledigt ist, gießen Sie die restliche geschmolzene Schokolade über jeden Klecks, so dass alles bedeckt ist. Mit Meersalz bestreuen und 15 Minuten im Gefrierschrank ruhen lassen.

66. Matcha-Grüntee-Fudge

Macht: 4

ZUTATEN:
- Geröstete Mandelbutter, 85 g
- Hafermehl, 60 g
- Ungesüßte Vanille-Mandelmilch, 1 Tasse
- Proteinpulver, 168 g
- Dunkle Schokolade, 4 Unzen geschmolzen
- Matcha-Grüntee-Pulver, 4 Teelöffel
- Stevia-Extrakt, 1 Teelöffel
- Zitrone, 10 Tropfen

ANWEISUNGEN:
f) Butter in einem Topf schmelzen und Hafermehl, Teepulver, Proteinpulver, Zitronentropfen und Stevia hinzufügen. Gut mischen.
g) Gießen Sie nun die Milch hinzu und rühren Sie ständig um, bis alles gut vermischt ist.
h) Geben Sie die Mischung in eine Kastenform und stellen Sie sie in den Kühlschrank, bis sie fest ist.
i) Geschmolzene Schokolade darüber träufeln und erneut in den Kühlschrank stellen, bis die Schokolade fest ist.

67. Matcha-Creme

Macht: 2

ZUTATEN:
- 1 Tasse Vollmilch
- ¾ Tasse Zucker
- 4 Esslöffel Matcha-Pulver
- 2 Tassen Sahne

ANWEISUNGEN:

a) Milch, Zucker und Matcha in einem mittelgroßen Topf vermischen und verrühren, bis sich das Matcha-Pulver aufgelöst hat. Bei mittlerer Hitze köcheln lassen und verquirlen, bis sich der Zucker aufgelöst hat. Vom Herd nehmen und Sahne einrühren.

b) Auf Raumtemperatur abkühlen lassen, dann abdecken und 3 bis 4 Stunden oder über Nacht kühl stellen, bis es gut abgekühlt ist.

c) Die gekühlte Mischung in eine Eismaschine füllen und nach Anweisung einfrieren.

d) Füllen Sie das Eis in einen gefrierfesten Behälter und stellen Sie es in den Gefrierschrank. Lassen Sie es vor dem Servieren 1 bis 2 Stunden lang fest werden.

68. Matcha-Kaki

Macht: 2

ZUTATEN:
- 1 Tasse griechischer Joghurt
- 1 Teelöffel Matcha
- ½ Teelöffel Vanilleextrakt
- 1 Esslöffel Honig

BELAG
- Persimmon
- Sesambüschel

ANWEISUNGEN:
a) Alle Zutaten in einer Schüssel vermischen.

69. Absinth- und Baiser-Eis

Ergibt: etwa 1 Liter

ZUTATEN:
- 2⅔ Tassen Vollmilch
- 1 Esslöffel plus 2 Teelöffel Maisstärke
- 4 Esslöffel Frischkäse, weich
- ½ Teelöffel Matcha-Pulver
- ⅛ Teelöffel feines Meersalz
- 1½ Tassen Sahne
- ¾ Tasse Zucker
- ¼ Tasse heller Maissirup
- 1¼ Tasse Absinth, Pernod oder Pastis
- ½ Teelöffel Anisextrakt
- 1 Tasse zerbröseltes Baiser aus Baiser-Kuchen

ANWEISUNGEN:
a) Mischen Sie etwa 2 Esslöffel Milch mit der Maisstärke in einer kleinen Schüssel, bis eine glatte Masse entsteht.
b) Frischkäse, Matcha und Salz in einer mittelgroßen Schüssel glatt rühren.
c) Füllen Sie eine große Schüssel mit Eis und Wasser.
d) Kochen: Die restliche Milch, die Sahne, den Zucker und den Maissirup in einem 4-Liter-Topf vermischen, bei mittlerer bis hoher Hitze zum Kochen bringen und 4 Minuten kochen lassen. Vom Herd nehmen und nach und nach die Maisstärkebrei unterrühren. Bringen Sie die Mischung bei mittlerer bis hoher Hitze erneut zum Kochen und kochen Sie sie unter Rühren mit

einem hitzebeständigen Spatel etwa 1 Minute lang, bis sie leicht eingedickt ist. Vom Herd nehmen.

e) Abkühlen lassen. Die heiße Milchmischung nach und nach mit dem Frischkäse verrühren, bis eine glatte Masse entsteht. Gießen Sie die Mischung in einen 1-Gallonen-Gefrierbeutel mit Reißverschluss und tauchen Sie den verschlossenen Beutel in das Eisbad. Etwa 30 Minuten lang stehen lassen und bei Bedarf mehr Eis hinzufügen, bis es kalt ist.

f) Einfrieren Nehmen Sie den gefrorenen Behälter aus dem Gefrierschrank, bauen Sie Ihre Eismaschine zusammen und schalten Sie sie ein. Gießen Sie die Eiscremebasis in den Behälter und drehen Sie sie, bis sie dick und cremig ist.

g) Packen Sie das Eis in einen Vorratsbehälter. Absinth und Anisextrakt einrühren und nach und nach die Baiserstückchen untermischen. Drücken Sie ein Blatt Pergament direkt auf die Oberfläche und verschließen Sie es mit einem luftdichten Deckel. Im kältesten Teil Ihres Gefrierschranks einfrieren.

70. Grüntee-Sorbet

Ergibt: 4 Portionen

ZUTATEN:
- ¾ Tasse Zucker
- 3 Tassen heiß gebrühter grüner Tee

ANWEISUNGEN:
a) Zucker im Tee auflösen und kühl stellen, bis er gut gekühlt ist.
b) In einem Eiscreme-Gefrierschrank gemäß den Anweisungen des Herstellers einfrieren.

71. Chia-Samen Pudding

Macht: 1

ZUTATEN
- ¼ Tasse schwarzer Chiasamen
- 1 Tasse Pflanzenmilch
- ½ Limette, frisch gepresster Limettensaft
- ⅛ Teelöffel Ashwagandha-Pulver
- eine Prise Vanilleschotenpulver
- 1 Teelöffel Matcha-Pulver
- 1 kleines Stück frisch geriebener Ingwer

ANWEISUNGEN:
a) In einer großen Schüssel die Chiasamen mit Milch und Limettensaft verquirlen.
b) Ashwagandha, Vanille, Matcha und Ingwer unterrühren. In den Kühlschrank stellen und nach 15-30 Minuten erneut umrühren.
c) Decken Sie die Puddingmischung ab und lassen Sie sie über Nacht 2-8 Stunden im Kühlschrank einweichen, damit das Chia zu Pudding aufblühen kann.

72. Pistazien-Matcha-Eis

Ergibt: 8 kleine Eiscremes

ZUTATEN:
- 2 Teelöffel Grüntee-Matcha-Pulver
- ½ Tasse Pistazien geschält
- ½ Tasse Cashewnüsse
- ½ Tasse Kokosmilch
- 1 Tasse Kokosnussfleisch
- 2 Teelöffel Vanilleschotenpaste
- ¼ Tasse Ahornsirup
- 3 Esslöffel Kokosöl geschmolzen
- 100 g hochwertige dunkle Schokolade oder Rohschokolade, geschmolzen

ANWEISUNGEN:

a) Pistazien und Cashewnüsse in einer Küchenmaschine oder einem Hochleistungsmixer vermischen und zu feinen Krümeln pürieren.

b) Kokosmilch, Kokosnussfleisch, Vanille, Grüntee-Matcha-Pulver und Ahorn hinzufügen und pürieren, bis eine glatte Masse entsteht.

c) Lassen Sie den Mixer laufen, während Sie das geschmolzene Kokosöl einfüllen. Dadurch sollte eine schöne cremige Konsistenz in der Mischung entstehen.

d) In Eisformen oder Auflaufförmchen füllen und 2-3 Stunden lang einfrieren, damit es fest wird.

e) Zum Servieren das Eis aus den Formen nehmen, auf ein mit Backpapier ausgelegtes Blech legen und über die geschmolzene Schokolade träufeln.

f) Nochmals für ein bis zwei Minuten in den Kühlschrank stellen und dann servieren.

73. <u>Erdbeere, Hafer und Matcha</u>

Macht: 2

ZUTATEN:
- 1 Tasse altmodische Haferflocken
- 2 ¼ Tassen Allzweckmehl
- ⅔ Tassen Zucker
- 1 Esslöffel Backpulver
- 2 Esslöffel Grüntee-Matcha, gesiebt
- ½ Teelöffel Salz
- 1 ¼ Tasse Milch
- 2 Teelöffel Vanilleextrakt
- 2 Eier, geschlagen
- 6-Unzen-Behälter fettfreier griechischer Joghurt
- ⅓ Tasse Kokosöl, in flüssigem Zustand
- 1 Pfund Bio-Erdbeeren, in ¼-Zoll-Stücke gewürfelt
- Antihaftspray
- Zum Abschluss etwas Schleifzucker hinzufügen

ANWEISUNGEN:
f) Den Backofen auf 200 Grad Celsius vorheizen. Legen Sie 8 Cupcake-Förmchen in jede Form und sprühen Sie dann leicht eine Schicht Antihaftspray darauf.

g) In einer Rührschüssel alle trockenen Zutaten vermischen. In einer anderen Rührschüssel alle feuchten Zutaten vermischen. Mischen Sie die feuchten Zutaten langsam mit den trockenen, bis alles gut vermischt ist. Die gewürfelten Erdbeeren vorsichtig untermischen. Benutzen Sie einen Löffel oder einen Eisportionierer, um die Förmchen zu füllen, bis der Teig knapp über den oberen Rand der Förmchen reicht.

h) Für eine knusprige Muffinkruste bestreuen Sie die Oberfläche mit Puderzucker.

i) Backen Sie die Muffins die ersten 10 Minuten bei 200 Grad Celsius und senken Sie dann die Hitze für etwa weitere 12-15 Minuten auf 80 Grad Celsius ab, bis die Oberseite ganz leicht golden ist und ein Zahnstocher sauber herauskommt.

j) Wenn die Muffins kühl genug zum Anfassen sind, legen Sie sie auf ein Kühlregal. Wenn Sie die Muffins sofort servieren, besteht die Gefahr, dass sie an den Förmchen kleben bleiben. Warten Sie, bis sie vollständig abgekühlt sind und sich leicht lösen lassen.

74. Matcha, Dattel & Banane Nice Cream

Macht: 2

ZUTATEN:
- 5 gefrorene Bananen
- Kokosnusswasser
- 2 Termine
- 1 Esslöffel Grüntee-Matcha-Pulver

ANWEISUNGEN:
a) Geben Sie alle Zutaten in Ihre Küchenmaschine
b) In einer hübschen Schüssel servieren
c) Mit dem Topping Ihrer Wahl dekorieren.

75. Bananen-Matcha-Nice-Creme

Ergibt: 2-3 Portionen

ZUTATEN:
- 2 große Bananen, geschält, in Stücke geschnitten und dann eingefroren
- 1 Teelöffel Grüntee-Matcha-Pulver

ANWEISUNGEN:
a) Geben Sie die Bananenstücke in eine Küchenmaschine mit S-Klinge und schalten Sie die Maschine ein.
b) Lassen Sie den Motor laufen, bis die Bananen eine supercremige Konsistenz haben, genau wie Softeis.
c) Sobald die Bananen cremig sind, Grüntee-Matcha-Pulver hinzufügen und verrühren.
d) Sofort servieren.

76. Matcha- und Himbeerfriands

Macht: 4

ZUTATEN:
- 95 g ungesalzene Butter, gewürfelt
- 135g Eiweiß
- 150g Kristallzucker
- 100g Mandelmehl
- 60g Mehl
- 12g Grüntee-Matcha
- Prise Salz
- Optional: Frische/gefrorene Himbeeren

ANWEISUNGEN:
a) Fetten Sie Ihre Muffinformen gründlich mit Butter ein und bestäuben Sie sie sparsam mit Mehl.
b) Erhitzen Sie die Butter in einer Pfanne bei niedriger bis mittlerer Hitze und lassen Sie sie kochen, bis sie goldbraun ist.
c) Schalten Sie das Feuer aus und nehmen Sie es vom Herd, sobald es goldbraun ist, sonst wird es sehr schnell von Goldbraun zu Schwarz. Lassen Sie es auf Raumtemperatur abkühlen, während Sie die restlichen Zutaten zubereiten.
d) Geben Sie Zucker, Mehl und gemahlene Mandeln, Matcha-Pulver und Salz in eine Schüssel. Die trockenen Zutaten etwas verquirlen.
e) Die Butter dazugeben und verrühren.
f) Fügen Sie das Eiweiß langsam hinzu und verrühren Sie es, bis es eingearbeitet ist. Sie müssen dem

Eiweiß nicht zu viel Volumen verleihen. Ich mache das alles von Hand, da man nur den Teig braucht, um zusammenzukommen.

g) Den Friands-Teig in die gefetteten Muffinformen füllen. Eine Himbeere in die Mitte des Friands legen. Im auf 190 Grad vorgeheizten Ofen etwa 15 Minuten lang backen, oder bis es wieder fest wird.

h) Lassen Sie es in den Muffinformen etwas abkühlen, bevor Sie es aus der Form lösen. Vor dem Servieren auf Gitterrosten vollständig abkühlen lassen.

77. Matcha-Trüffel

Ergibt: etwa 50 Trüffel

ZUTATEN:
- 225 Gramm Sahne
- $\frac{1}{4}$ Tasse Ahornsirup
- 2 Esslöffel brauner Zucker
- 1 Esslöffel Grüntee-Matcha, plus ein weiterer Esslöffel zum Bestäuben
- 340 Gramm Zartbitterschokolade, fein gehackt
- Eine Prise Matcha-Salz oder kosheres Salz

ANWEISUNGEN:

a) Sahne in einem kleinen Topf bei schwacher Hitze köcheln lassen, Ahornsirup und braunen Zucker hinzufügen und etwa 2 Minuten lang rühren, bis sie sich aufgelöst hat.

b) 1 Esslöffel Matcha hinzufügen, umrühren, bis es sich aufgelöst hat, und beiseite stellen.

c) Geben Sie die Schokolade in eine große Rührschüssel und gießen Sie die Sahnemischung hinein. Gründlich vermischen und auf ein mit Backpapier ausgelegtes Backblech gießen. Mit einem Gummispatel glatt streichen. Im Kühlschrank etwa eine Stunde abkühlen lassen.

d) Nehmen Sie mit einem Löffel einen gehäuften Teelöffel heraus und formen Sie mit den Handflächen eine Kugel. Wiederholen Sie den Vorgang, bis die gesamte Schokolade aufgebraucht ist – Sie sollten am Ende etwa 50 Trüffel haben.

e) Richten Sie sie auf einem Tablett oder Teller aus und bestäuben Sie sie mithilfe eines feinen Siebs mit dem zusätzlichen Matcha. Mit einer ganz leichten Prise Matcha bestreuen.

SMOOTHIES UND COCKTAILS

78. Matcha-Smoothie

Ergibt: 1 Portion

ZUTATEN
- 1 Tasse Mandelmilch
- 1 Esslöffel Matcha-Pulver
- 1 gefrorene Banane oder Ananas, gehackt

ANWEISUNGEN
a) Mandelmilch, Matcha und gefrorene Banane oder Ananas in einen Hochgeschwindigkeitsmixer geben.
b) So lange verarbeiten, bis der Smoothie glatt und cremig ist. Sofort servieren.

79. Brokkoli-Lauch-Gurken-Smoothie

Macht: 2

ZUTATEN:
- 1 Tasse Brokkoli
- 2 Esslöffel Cashewbutter
- 2 Lauch
- 2 Gurken
- 1 Limette
- ½ Tasse Salat
- ½ Tasse Blattsalat
- 1 Esslöffel Matcha
- 1 Tasse zerstoßenes Eis

ANWEISUNGEN:
a) In einen Mixer geben.
b) Aufschlag.

80. Kakao-Spinat-Smoothie

Macht: 2

ZUTATEN:
- 2 Tassen Spinat
- 1 Tasse Blaubeeren, gefroren
- 1 Esslöffel dunkles Kakaopulver
- ½ Tasse ungesüßte Mandelmilch
- ½ Tasse zerstoßenes Eis
- 1 Teelöffel Honig
- 1 Esslöffel Matcha-Pulver

ANWEISUNGEN:
a) Im Mixer vermischen
b) Aufschlag

81. Matcha-Shake

Ergibt: 4 Portionen

ZUTATEN:
- ¾ Tasse Mandel
- ¾ Tasse entkernte Datteln
- 1 Esslöffel Matcha
- 3 Tassen gefiltertes Wasser
- ½ Teelöffel Maca-Pulver
- 1 Tasse Eis

ANWEISUNGEN:
a) Mandeln, Datteln, Matcha, Wasser, Maca und Eis in Ihrem Hochgeschwindigkeitsmixer vermischen und glatt rühren. Fügen Sie das Eis hinzu und mixen Sie, bis alles gut vermischt ist.

b) Am besten sofort servieren, im Kühlschrank aber mehrere Tage haltbar.

82. Vanille-Matcha-Avocado-Shake

Macht: 2

ZUTATEN:
- 1½ Tassen Mandelmilch
- 2 Messlöffel Vanille-Proteinpulver
- ¼ Teelöffel Vanilleextrakt
- ½ Avocado entkernt und geschält
- 2 Teelöffel Matcha-Pulver
- 1 Handvoll Spinat

ANWEISUNGEN:
a) Alles glatt rühren.
b) Abschmecken und bei Bedarf Eis oder Zutaten anpassen.

83. Matcha- und Minztee

Ergibt: 2 Portionen

ZUTATEN:
- 1 kleiner Messlöffel Matcha-Pulver
- Minzsirup
- Kühles Wasser
- Eis

ANWEISUNGEN:
d) Matcha-Pulver und Sirup in einer Tasse vermischen.
e) Mit Wasser auf ¾ auffüllen.
f) Umrühren und zum Füllen Eis hinzufügen.

84. Matcha-, Maca-, Leinsamen- und Tahini-Smoothie

Ergibt: 1 Glas

ZUTATEN:
- ½ Tasse Pflanzenmilch
- 1 große Banane
- ½ Tasse gefrorene Blaubeeren
- ½ Tasse frische Himbeeren
- 1 gehäufter Teelöffel Matcha-Pulver
- 1 gehäufter Teelöffel gemahlener Leinsamen
- 1 gehäufter Teelöffel Maca
- 1 gehäufter Teelöffel Tahini

ANWEISUNGEN:
a) Geben Sie alle Zutaten zum Mixen zusammen in einen Krug.
b) Zu einem cremigen Smoothie mixen.
c) Mit etwas extra gemahlenem Flachs oder frischen Beeren bestreuen.
d) Am besten sofort servieren.

85. Apfel-, Rosmarin- und Matcha-Gin-Kühler

Macht: 2

ZUTATEN:
- 1 Teelöffel Matcha-Pulver
- 3 grüne Äpfel
- 3 Esslöffel Gin
- 1 Esslöffel Honig
- 2 Esslöffel Zitronensaft
- 2 Zweige Rosmarin
- Mineralwasser
- Eis

ANWEISUNGEN:
a) Äpfel entkernen und entsaften. Apfelsaft, Zitronensaft, Matcha-Pulver, Honig und Gin in einen Cocktailshaker oder einen Behälter mit Deckel geben und kräftig schütteln.

b) Über Eis in zwei gekühlte Becher gießen, den Rosmarinzweig und zusätzliche Apfelscheiben hinzufügen und mit Sodawasser auffüllen, um einen dünneren Cocktail zu erhalten.

86. Matcha, Minze, Zitronen- und Limettenwasser

ZUTATEN:
- 1-2 Teelöffel Matcha-Pulver
- 1 Liter gekühltes Wasser
- 2 Limetten, in dünne Scheiben geschnitten
- 2 Zitronen, in dünne Scheiben geschnitten
- große Handvoll frische Minzblätter

ANWEISUNGEN:
a) Alle Zutaten in eine große Flasche oder einen Glaskrug geben.
b) Vor dem Servieren mit reichlich Eis mindestens 2 Stunden im Kühlschrank ruhen lassen.

87. Probiotischer Matcha-Kefir-Smoothie

Macht: 1

ZUTATEN:
- 1 Teelöffel Matcha-Pulver
- 300 ml Kokosmilchkefir
- eine kleine Handvoll Grünkohl oder Spinat
- ½ Avocado
- 1 Banane
- 1 Esslöffel Kollagenpulver
- 1 Esslöffel Sonnenblumenkerne
- 1 Teelöffel Leinsamen
- 3 Eiswürfel

ANWEISUNGEN:
a) Alle Zutaten in einen Mixer geben und glatt rühren.
b) In ein Glas füllen und mit essbaren Blüten und Kokosraspeln garnieren.

88. Matcha-Bananen-Schokoladen-Smoothie

Macht: 2

ZUTATEN:
- ½ Teelöffel Matcha-Pulver
- 2 Esslöffel Super-Kakaopulver
- 1 Banane
- ½ Avocado
- 2 Medjool-Datteln
- 1 ½ Tassen milchfreie Milch

ANWEISUNGEN:
a) Alle Zutaten in einen Mixer geben und glatt rühren.
b) Nach Belieben mit einer Prise Kakaonibs servieren.

89. Matcha-Avocado-Smoothie

Macht: 3

ZUTATEN:
- ½ Avocado, geschält und gewürfelt
- ⅓ Gurke
- 2 Tassen Spinat
- 1 Tasse Kokosmilch
- 1 Tasse Mandelmilch
- 1 Teelöffel Matcha-Pulver
- ½ Limettensaft
- ½ Messlöffel Vanille-Proteinpulver
- ½ Teelöffel Chiasamen

ANWEISUNGEN:
a) Avocadofleisch mit Gurke und den restlichen Zutaten in einem Mixer glatt rühren.
b) Aufschlag.

90. Brokkoli-Matcha-Smoothie

Macht: 2

ZUTATEN:
- 1 Tasse Brokkoli
- 2 Esslöffel Kokosnussbutter
- 1 Limette
- 1 Esslöffel Matcha
- 1 Tasse zerstoßenes Eis

ANWEISUNGEN:
c) In einen Mixer geben.
d) Aufschlag.

91. Matcha-Grünkohl-Smoothie

Macht: 2

ZUTATEN:
- 2 Tassen Grünkohl
- 1 Tasse Blaubeeren, gefroren
- 1 Esslöffel dunkles Kakaopulver
- ½ Tasse ungesüßte Kokosmilch
- ½ Tasse zerstoßenes Eis
- 1 Teelöffel Honig
- 1 Esslöffel Matcha-Pulver

ANWEISUNGEN:
c) Im Mixer vermischen
d) Aufschlag

92. Matcha MCT-Shake

Ergibt: 4 Portionen

ZUTATEN:
- ¾ Tasse Mandel
- ¾ Tasse entkernte Datteln
- 1 Esslöffel Matcha
- 3 Tassen gefiltertes Wasser
- ½ Teelöffel Mct-Öl
- 1 Tasse Eis

ANWEISUNGEN:
c) Mandeln, Datteln, Matcha, Wasser, MCT-Öl und Eis in Ihrem Hochgeschwindigkeitsmixer vermischen und glatt rühren.
d) Fügen Sie das Eis hinzu und mixen Sie, bis alles gut vermischt ist.
e) Am besten sofort servieren, im Kühlschrank aber mehrere Tage haltbar.

93. Smoothie aus grünem Tee und Ingwer

Macht: 2

ZUTATEN:
- 1 Anjou-Birne, gehackt
- ¼ Tasse weiße Rosinen oder getrocknete Maulbeeren
- 1 Teelöffel frisch gehackte Ingwerwurzel
- 1 große Handvoll gehackter Römersalat
- 1 Esslöffel Hanfsamen
- 1 Tasse ungesüßter aufgebrühter grüner Tee, abgekühlt
- 7 bis 9 Eiswürfel

ANWEISUNGEN:
a) Alle Zutaten außer dem Eis in einen Vitamix geben und glatt und cremig verarbeiten.
b) Fügen Sie das Eis hinzu und verarbeiten Sie es erneut. Gekühlt trinken.

94. Grüntee-Limette

Ergibt: 20 Portionen

ZUTATEN:
- 2 Tassen kochendes Wasser
- 4 grüne Teebeutel
- 2 12-Unzen-Dosen gefrorenes Limettenkonzentrat
- Garnitur: Limettenspalten

ANWEISUNGEN:
a) Kombinieren Sie in einer Teekanne kochendes Wasser und Teebeutel. 10 Minuten stehen lassen. Teebeutel entsorgen; Lassen Sie den Tee etwas abkühlen. Bereiten Sie in einem großen Krug gefrorene Limette gemäß den Packungsanweisungen zu.

b) Tee einrühren; abdecken und kalt stellen. Mit Limettenspalten garnieren.

c) Bewahren Sie den roten Saft aus Gläsern mit Maraschinokirschen auf. Rühren Sie ein wenig davon in den Punsch, die Limonade, das Ginger Ale oder die Milch und erhalten Sie ein süßes rosa Getränk, das Kinder lieben werden.

95. Minz-Schokoladensplitter-Shake

Macht: 2

ZUTATEN:
- 2 Messlöffel Schokoladenproteinpulver
- 12 Unzen grüner Tee mit Minzgeschmack
- 1 Esslöffel rohes Kakaopulver
- 1 Esslöffel Kakaonibs
- 3 Eiswürfel

ANWEISUNGEN:
a) Geben Sie alle Zutaten 30-60 Sekunden lang in einen Mixer.

96. Matcha-Rum-Shake

Macht: 2

ZUTATEN:
- 1½ Tassen Mandelmilch
- ¼ Teelöffel Rum-Extrakt
- ½ Avocado entkernt und geschält
- 2 Teelöffel Matcha-Pulver

ANWEISUNGEN:
c) Alles glatt rühren.
d) Abschmecken und bei Bedarf Eis oder Zutaten anpassen.

97. Matcha-Kokos-Frappé

Macht: 2

ZUTATEN:
- Eis + Kokosmilch
- 1 Kugel Joghurt-Frappé
- 1 Mini-Messlöffel Matcha-Pulver

ANWEISUNGEN:
a) Füllen Sie den Becher bis zum oberen Rand des Bechers mit Eis
b) Milch über das Eis gießen
c) Geben Sie den Inhalt des Bechers in einen Mixbehälter
d) Frappé und Matcha hinzufügen
e) Den Deckel fest aufsetzen und mixen, bis eine glatte Masse entsteht

98. Matcha-Erdbeer-Frappé

Macht: 2

ZUTATEN:
- Eis + Milch
- 1 Mini-Messlöffel Matcha-Pulver
- 2 Pumpen zuckerfreier Erdbeersirup
- 1 Kugel Frappé mit weißer Schokolade

ANWEISUNGEN:
a) Füllen Sie den Becher mit Eis bis zum oberen Rand des Bechers
b) Milch über das Eis gießen
c) Geben Sie den Inhalt des Bechers in einen Mixbehälter
d) Matcha, Sirup und Frappé-Pulver hinzufügen
e) Alles glatt rühren

99. Matcha-Joghurt-Smoothie

Macht: 2

ZUTATEN:
- ½ Tasse Joghurt
- 2 Esslöffel Honig oder Zucker
- ½ Tasse Eiswürfel
- 1 Teelöffel Grüntee-Matcha

ANWEISUNGEN:
a) Geben Sie einfach alle Zutaten in den Mixer und mixen Sie sie.

100. Matcha-Frucht-Smoothie

Macht: 2

ZUTATEN:
- $\frac{1}{4}$ eine Tasse Beeren
- $\frac{1}{2}$ Tasse Joghurt
- $\frac{1}{2}$ Tasse Eiswürfel
- 1 Teelöffel Grüntee-Matcha

ANWEISUNGEN:
a) Mischen Sie die Zutaten in einem elektrischen Mixer und gießen Sie die Mischung dann in einen hohen Behälter. Am besten direkt nach der Zubereitung trinken.
b) Sie können Kiwis, Bananen, Mangos und Aromen von Minze oder Ingwer hinzufügen, es liegt ganz bei Ihnen und Ihren Vorlieben.

ABSCHLUSS

Vielen Dank, dass Sie mich bei diesem kulinarischen Matcha-Abenteuer begleitet haben! Ich hoffe, dieses Kochbuch hat Sie dazu inspiriert, die Welt von Matcha und all die leckeren und gesunden Gerichte, die sich damit zubereiten lassen, zu erkunden.

Denken Sie daran, dass Matcha nicht nur eine trendige Zutat ist, sondern auch ein Kraftpaket an Nährstoffen und gesundheitlichen Vorteilen. Die Aufnahme in Ihre Ernährung kann zu einer verbesserten mentalen Konzentration, mehr Energie und einer Steigerung des allgemeinen Wohlbefindens führen.

Ich ermutige Sie, beim Kochen weiterhin mit Matcha zu experimentieren und Ihre Kreationen mit Freunden und Familie zu teilen. Scheuen Sie sich nicht, neue Dinge auszuprobieren und die Rezepte zu Ihren eigenen zu machen, indem Sie Ihre ganz eigene Note hinzufügen.

Nochmals vielen Dank, dass Sie sich für das ultimative Matcha-Kochbuch als Leitfaden zum Kochen mit Matcha entschieden haben. Viel Spaß beim Kochen!

.

www.ingramcontent.com/pod-product-compliance
Lightning Source LLC
Chambersburg PA
CBHW070655120526
44590CB00013BA/964